A Charles Bukowski

Parlare molto di sé può anche
essere un mezzo per nascondersi

Nietsche, *Al di là del bene e del male*

Francesco Amoruso

Charles Bukowski

*La scrittura che esplode dal basso:
l'America e il suo ubriacone*

TEREBINTO
EDIZIONI

Revisione del testo a cura di

Lorena Caccamo
sito: servizieditorialiloreca.wordpress.com
email: loreservizieditoriali@gmail.com

Immagine di copertina di Chiara Nobis

© 2020 Il Terebinto Edizioni
Via Luigi Amabile 42
83100 Avellino
tel. 340/6862179
e-mail: terebinto.edizioni@gmail.com
www.ilterebintoedizioni.it

INDICE

Introduzione   7

Capitolo I - *VITA MORTE E DIAVOLI*

Ladies and gentlmen: Charles Bukowski!   11

Bukowski, i "suoi" argomenti e gli "altri"   25

Da cosa è stato causato?   55

L'ultimo bicchiere   63

Capitolo II - *CINEMANIA: BUKOWSKI IN PELLI-COLA*

Barfly ad Hollywood   69

Bukowski nel vecchio continente   86

Factotum di ordinaria follia   92

Capitolo III - *WHISKY E ACQUA, GRAZIE!*

L'alcol e la sua "parte" nella creazione artistica   103

William Burroughs e le ossessioni di uno scrittore
"fatto"   108

Conclusioni   119

Ringraziamenti   121

Bibliografia   123

Introduzione

> Pagai il barista, scendemmo dagli sgabelli e puntammo verso la porta. Di nuovo notai i giacconi di pelle e la vacuità dei volti e la sensazione che in nessuno di loro c'erano molta gioia o molta audacia. C'era qualcosa che mancava del tutto a quei poveretti e, solo per un attimo, sentii una stretta dentro e mi venne voglia di prenderli fra le braccia, di consolarli e di abbracciarli come un qualche Dostoevskij, ma sapevo che non avrebbe portato a niente, salvo al ridicolo e all'umiliazione, per me e per loro. Chissà come, il mondo si era allontanato troppo e mai più sarebbe stato così facile essere spontaneamente gentili[1].

È come stare seduti sul divano di casa e guardare un film: la cinepresa è accesa, gli attori sono pronti, il regista è in fibrillazione e "ciak-si gira".

C'è un plot, c'è la scenografia con tanto di sgabelli stanchi per il peso dell'esistenza, ci sono le compar-

---

[1] C. BUKOWSKI, *Hollywood, Hollywood!*, Feltrinelli, Milano, 1989, p. 50.

se che, nonostante i loro volti vacui, partecipano al gioco della vita.

Non ne sono esclusi.

Il Pensiero si veste di riflessioni crude, reali e per questo universali. Sembra sentire addirittura il ronzio del neon farsi spazio nel silenzio arrendevole di chi ha già perso.

E poi? E poi un soffio, un ghigno, una riflessione, poche righe, un cazzotto in volto: signore e signori, ecco a voi Charles Bukowki.

Ho letto più e più volte le righe con cui ho iniziato questo scritto e ho pensato: se provassimo a farle leggere a chi di Bukowski sa poco e niente, se non la fama di ubriacone-donnaiolo, difficilmente ne riconoscerebbe l'autore.

Certo, l'ambientazione è un *topos* troppo ricorrente nei suoi testi per non azzardare almeno a una risposta, tuttavia il finale può lasciare spiazzati. La resa, la frustrazione, il senso nichilistico tutto bukowskiano, che può essere compreso solo leggendo tutto di lui, si scioglie letteralmente in un bicchiere carico di tenerezza perché è in fondo una tenera delusione quella di non poterli "prendere fra le braccia, di consolarli e di abbracciarli come un qualche Dostoevskij", visto che "non avrebbe portato a niente, salvo al ridicolo e all'umiliazione, per me e per loro".

Qui avrebbe potuto fermarsi, c'è già tutto lo sconforto di questo mondo, ma Bukowski ha voluto metterci la firma: "Chissà come, il mondo si era allontanato troppo e mai più sarebbe stato così facile essere spontaneamente gentili". Una firma sbilenca per qualcuno: che c'entra Charles Bukowski, quell'ubriacone-deviato-pervertito, con la gentilezza?

Ma andiamo con ordine.

Quando mi è capitato tra le mani *Storie di ordinaria follia*[2] – il mio primo approccio ai suoi scritti – non sono riuscito a inquadrarlo subito, né come scrittore, tanto-meno come uomo.

I quarantadue racconti che lo compongono sono tanti e per qualcun altro potrebbero apparire abbastanza per poterne tracciare un'analisi, tuttavia la prima domanda che mi sono fatto è stata: *ci è o ci fa?*

Non è stata la volgarità a spiazzarmi, né tutto quell'alcol che trabocca dalle pagine ma quell'alternarsi di colpi di genio, oscenità e attimi da *egomaniaco* cronico, per dirla con le parole di Kerouac ne *I sotterranei*.

Com'è possibile far conciliare tanta diversità?

Volevo capire, volevo andare oltre e mi sono ritrovato a leggere tutta la sua prosa: nove raccolte di racconti, sette romanzi, una sceneggiatura, un diario.

E così ho scoperto un'anima gentile dietro a quella maschera di superuomo che si trascina tra bar e gambe più o meno ospitali.

---

[2] In Italia, la raccolta è stata pubblicata da Feltrinelli, in due volumi: il primo, *Storie di ordinaria follia: Erezioni Eiaculazioni Esibizioni* (1975), contiene 42 racconti; il secondo, *Compagno di sbronze* (1979), contiene 20 racconti.

> Da una parte della barricata ci sono quelli che vanno pazzi per il vecchio Buk, per l'essenzialità, la crudezza e la forza del suo stile. Dall'altra, quelli che s'indignano, che pensano che sia soltanto un vecchio sporcaccione, ignorante, capace solo di scrivere porcherie[3].

Così sintetizza brevemente Paolo Roversi nella sua biografia *Charles Bukowski, Scrivo racconti e poi ci metto il sesso per vendere*.

Ed è questo il mio tentativo: cercare di capire i primi e sconfessare i secondi, viaggiando tra le fessure di una *vita letteraturizzata,* spesso contraddistinta da narrazioni oscene, con protagonisti maniaci, ubriaconi, stupratori e giocatori incalliti; e provare, nonostante ciò, a toglierlo dalla gabbia stereotipata in cui, probabilmente, lui stesso si è lasciato rinchiudere.

---

[3] P. ROVERSI, *Charles Bukowski, Scrivo racconti e poi ci metto il sesso per vendere,* Castelvecchi Editore, Roma, 2010, p. 56.

Capitolo I

VITA MORTE E DIAVOLI

Ladies and gentlmen: Charles Bukowski!

Henry Charles Bukowski nasce il 16 Agosto del 1920, ad Andernach, in Germania.

Figlio unico di un sergente statunitense della Third United States Army, di origini polacche, e di una casalinga tedesca, Katharina Fett, a soli due anni attraversa l'oceano Atlantico per emigrare negli States.

E fin qui è tutto ok: notizie simili possiamo leggerle nelle quarte di copertina delle sue opere ma, tolte le burocrazie biografiche, il percorso è tutto in discesa.

In *Charles Bukowski - Quello che importa è grattarmi sotto le ascelle*, libro-intervista di Fernanda Pivano a Charles Bukowski, pubblicato nel 1997, la celebre traduttrice dei più grandi scrittori americani – dopo aver presentato l'autore, più o meno come ho fatto poc'anzi – glissa così: «Basta. Per sapere di più bisogna leggere le sue storie e le sue ormai numerose interviste [...]»[1].

---

[1] C. BUKOWSKI, *Quello che importa è grattarmi sotto le ascel-*

E in effetti non c'è nulla di più vero. Bukowski si auto-analizza, si scompone in tanti piccoli pezzetti per poi ricomporsi e riprendere vita sulla carta, gettandosi sopra con tutta la sua fisicità mostruosa e sprezzante del buon costume: «Bukowski ritualizza la sua esistenza, spogliando il suo io fino alle nude ossa»[2].

A questo punto, potremmo chiederci se ci troviamo «nelle mani di Narciso»[3] e quello del nostro scrittore possa essere stato l'ennesimo fenomeno di auto-celebrazione, un altro disperatissimo Marcel Proust, tutto alcol e umori vaginali, intento a entrare nella storia con l'alloro intorno al capo, spargendo vomito e piscio sui fiori di Combray; oppure un Barry Lindon americano che racconta di sé e, tra avventure e mascalzonerie, delinea il profilo di un uomo *pieno di ardimento*.

Fosse tutto qui, ci troveremmo a raccontare di un lestofante, un bugiardo incallito ma se ci lasciamo soccorrere dalla sempre preziosa e indimenticabile Pivano, nella sua preziosa intervista, a cui farò spesso affidamento – poiché rappresenta un'inestimabile e concreta testimonianza non solo del pensiero bukowskiano ma anche delle voci degli amici che gli sono stati vicini – troviamo un pezzo di verità:

---

le, Feltrinelli, Milano, 1997, p. 8.

[2] *Idem, Il sole bacia i belli. Inteviste, incontri, insulti.* Feltrinelli, Milano, 2014, p. 14.

[3] I. TASSI, *Storie dell'io. Aspetti e teorie dell'autobiografia*, Laterza, Roma-Bari, 2007, p. 112.

Alcol, sesso e violenza, i protagonisti dei libri di Bukowski insieme a una disperazione senza fondo, sono protagonisti anche in questo spettacolo che segue i testi con rigorosa fedeltà, permettendo al protagonista di scatenarsi nel "suo" mondo fantastico, che è quello di Bukowski, ossessionato da tristezza e dolori anche più realistici del vomito e delle copulazioni ricorrenti[4].

Poco dopo, la Pivano – quasi a voler chiudere il cerchio descrittivo – riporta la testimonianza, il punto di vista, di Mariano Meli, regista italiano che, con la Cooperativa Gran Serraglio, reinterpretò, amalgamò e mise in scena alcuni racconti più rappresentativi contenuti in *Storie di ordinaria follia – Erezioni Eiaculazioni Esibizioni*: «Lui fotografa mettendosi nella fotografia senza lamentarsi, come se il suo io non entrasse nella pagina»[5].

E per non sembrare troppo egocentrico, per non rientrare troppo *nella pagina* – insisto io – Bukowski dà alla luce il suo (ancor più) anarchico e schizzato alter ego: Henry Hank Chinaski.

A lui Bukowski dà vita, affida pensieri, modi di fare, la disperazione, la sua faccia tartassata da un violentissimo acne, le sue scommesse ai cavalli, le

---

[4] *Idem, Quello che importa è grattarmi sotto le ascelle, cit.,* p. 8.
[5] *Ibidem.*

sue vincite, le sue sconfitte, le sue donne, l'alcol, che inizierà a bere a soli 13 anni e che nel 1955 lo condurrà in ospedale per un'ulcera perforante e quasi fatale; una volta uscito dal nosocomio, Bukowski darà in eredità al suo alter ego altri fiumi di birra e, soprattutto, le sue prime poesie.

E così, Chinaski diventa il protagonista di tutti i suoi lavori: in *Post Office* è lo scapestrato e indomabile dipendente delle poste statali che si ritrova a scrivere il suo primo romanzo (*La mattina dopo era mattina e io ero ancora vivo. Forse scriverò un romanzo, pensai. E lo scrissi*[6]); è il giocatore incallito di cavalli, l'ubriacone sporcaccione che, in *Factotum,* attraversa "*on the road*" tutta l'America, passando da un lavoro all'altro (*Lavoravi otto ore e il capo ti chiedeva gli straordinari. Mai che ti mandassero a casa dopo sei, per esempio. Poteva restarti tempo per pensare*[7]); è l'amante debole, disonesto e sessualmente incerto di donne pazze, ninfomani, a volte raffinate, spesso sguaiate, nel romanzo *Women* e, come sottolinea Howard Sounes in *Bukowski. La vita ribelle dello scrittore che ha raccontato l'altra America,* se è vero che il rapporto di Bukowski coi personaggi femminili appare indiscutibilmente critico e talvolta anche misogino,

---

[6] *Idem, Post Office*. Edizioni TEA, Milano, 2001, p. 155.
[7] *Idem, Factotum*. Edizioni TEA, Milano, 1998, p. 41.

> [...] l'Henry Chinaski di Women è quanto di
> più lontano si possa immaginare dalla figura
> dell'uomo virile e forte; l'alcol lo rende spes-
> so impotente, lo espone a figuracce, e le gio-
> vani donne, che sono chiaramente superiori,
> lo respingono, lo deridono e lo cornificano[8].

Insomma, Henry Chinaski è il protagonista indi-
scusso della prosa bukowskiana, nei romanzi così
come in molti racconti brevi.

Scompare parzialmente in *Pulp. Una storia del
XX secolo*, l'ultimo romanzo: qui il protagonista è
Nick Belane, "l'investigatore più dritto di Los Angeles", alle prese con l'assurda e surreale ricerca
di Louis-Ferdinand Céline, l'autore del *Viaggio al
termine della notte*, morto da ormai trent'anni, e
dell'ambiguo Red Sparrow, per il ritrovamento del
quale gli verranno garantiti cento dollari al mese per
tutta la vita: da un lato, c'è il chiaro riferimento a
John Martin della *Black Sparrow Press*, che offrì
a Bukowski un assegno mensile di cento dollari in
cambio delle sue prestazioni artistiche, ma dall'altro
pare metafora di una vita trascorsa a inseguire l'arte, distraendosi, tra inganni e celebrazioni, prima di
incontrare la morte.

---

[8] H. SOUNES, *Bukowski. La vita ribelle dello scrittore che ha
raccontato l'altra America*, Prima edizione Saggistica TEA,
Parma, 2004, p. 205.

«Bukowski in questo romanzo è più Bukowski che mai»[9] dice Simona Viciani nell'introduzione al romanzo della recente edizione della Feltrinelli.

«Quando Bukowski comincia a scrivere *Pulp* sa già di essere malato. Nel corso della stesura la malattia evolve rapidamente e lo scrittore sente che non gli resta molto tempo»[10].

La morte incalza, non gli dà tregua, è dietro ogni angolo, nascosta – neanche poi tanto – nelle simbologie sparse qua e là all'interno del romanzo: «mi trovavo con il coltello dalla parte del manico. Dovevo fare una mossa. Ora o mai più. Settembre era alle porte. Gli avvoltoi volteggiavano in cerchio, il senso del tempo che fugge, la parodistica urgenza dello scrivere»[11].

L'ironia bukowskiana, quella tagliente e volgare, arguta e ficcante, muta, diventa qui come un toro ferito ma che non si stanca di sferzare gli ultimi colpi al matador che lo infilza nell'arena: è il sarcasmo che non solo fa da riparo ma combatte le brutture della vita.

La morte si fa donna crudele, affascinante, *gloriosa vertigine di carni*. Bukowski se la immagina così la morte, come «una Signora crudele, volgare,

---

[9] *Idem, Pulp. Una storia del XX secolo.* Feltrinelli, Milano, 2012, p. 10.
[10] *Ivi*, p. 9.
[11] *Ivi*, p. 60.

puntuale, eccessiva, debordante»[12]. I colori, qui tutti metaforici, saltano dalla penna al foglio come sangue arterioso di un capo decapitato: «i lampi di luce viola, rossi, gialli come risultato dalle botte inflittegli dal padre o dalle scazzottate nei vicoli durante le risse da bar»[13].

Gli stilemi del thriller sono usati saggiamente da Bukowski, non solo per mettere in piedi un'incredibile parodia del genere ma soprattutto per accrescere quel senso di black humour che circonda il protagonista. È una combinazione o un triste presagio dover rincorrere in lungo e largo proprio Céline, percorrendo un viaggio, l'ultimo, *al termine della notte*?

Dicevo che la scomparsa di Chinaski è soltanto parziale: «Di Chinaski c'è solo un'apparizione fugace alla Hitchcock nel terzo capitolo»[14]. E probabilmente ha ragione la Viciani quando scrive che «lo scrittore utilizza questo artifizio per rendere Chinaski immortale, Belane morirà, Chinaski mai»[15].

Una duplice proiezione di sé, una doppia ombra di un Peter Pan appesantito: una inchiodata sull'asfalto, l'altra a ridersela di fronte all'oceano, a Venice Beach.

---

[12]   *Ivi*, p. 58.

[13]   H. SOUNES, *Bukowski. La vita ribelle dello scrittore che ha raccontato l'altra America*, Prima edizione Saggistica TEA, Parma, 2004, p. 205.

[14]   *Ivi*, IV.

[15]   *Ibidem*.

>Anche se in apparenza si trattava di una storia poliziesca e l'autore aveva fatto a meno del personaggio di Henry Chinaski, Bukowski sta ancora scrivendo della propria vita. Pulp è pieno di battute che hanno senso soltanto per quei lettori che hanno familiarità con i suoi libri precedenti e con la storia della sua vita[16].

È come se a Belane, personaggio anch'egli molto bukowskiano ma molto più oscuro del solito, avesse chiesto di abbassare il sipario su di lui, lasciando a Chinaski il compito di girovagare ubriaco, con quel suo sorriso cinico e giovane, nella sua Los Angeles, per l'eternità.

Con Chinaski la disperazione individuale si fa universale, le sue disavventure diventano quelle di tutti e il confine tra realtà e finzione, nelle sue opere, diviene sottilissimo. È lui stesso a dire alla Pivano che nei suoi lavori «è il novantacinque per cento vero e il cinque per cento narrazione. È solo un po' levigato, intorno ai bordi»[17].

La sua scrittura è riempita di realismo, un realismo cronico buffo e grottesco al contempo; ci strappa sempre una risata grassa ma nel frattempo ci cir-

---

[16] H. Sounes, *Bukowski, La vita ribelle dello scrittore che ha raccontato l'altra America*, Prima edizione Saggistica TEA, Parma, 2004, p. 256.

[17] C. Bukowski, *Quello che importa è grattarmi sotto le ascelle, cit.*, p. 44.

conda con un abbraccio carico di amarezza, quasi a voler carezzare la ferita, come se volesse addolcirci il boccone amaro.

È un «linguaggio privo dell'affettazione, degli stratagemmi e dei manierismi che hanno preso il sopravvento nel verso accademico. Quello stile era la voce parlata inchiodata alla carta»[18], scrive John William Corrington.

Hank parla un linguaggio *reale, di tutti,* perché lui stesso è campione di una società omologante, *uno dei tanti,* uno di quei *ragazzi di vita* – per dirla alla Pasolini – uscito inesorabilmente vinto dalla lotta alla sopravvivenza. Lo sfondo è l'America dei sogni illusori, la nazione galleggiante tra moralismo e sconforto, tra tradizioni e slanci verso il futuro; è una società disintegrata dalla Grande Depressione, dalla felicità di plastica prodotta dal *New Deal* di Roosvelt, quella in cui gironzola e barcolla ubriaco il nostro Hank.

C'è un abisso culturale tra Pasolini e Bukowski, differenze probabilmente insormontabili e tuttavia la disperazione descritta sembra essere la stessa.

È stata Fernanda Pivano a darmi questo spunto comparativo. Quando in *Quello che importa è grattarsi sotto alle ascelle* gli chiede «Non hai mai sentito il nome di Pasolini?»[19], la domanda muore in un

---

[18] H. Sounes, *Bukowski, La vita ribelle dello scrittore che ha raccontato l'altra America, cit.*, p. 76.
[19] C. Bukowski, *Quello che importa è grattarmi sotto le as-*

secco no. Bukowski non conosce Pasolini e lei non indaga oltre.

Eppure lei specifica: «Faceva dei film e scriveva. Era comunista, molto rigoroso. Ideologia. Poi alla fine si era formato una filosofia tutta sua. Che era molto interessante in quel momento di corruzione generale di idee e di costume. Perché lo sai, l'Italia è in un momento di vero disastro»[20].

Forse alla Pivano una qualche curiosità era salita dalla pancia, fin dietro al naso, come un formicolio dal cervello che ti stimola a far muovere la lingua.

Perché entrambi raschiano e rischiano nelle profondità dell'anima di un popolo, quello del dopo guerra, ne mostrano la ferocia, l'umanità, quella sola, isolata e che annega nel fiume scrosciante dell'omologazione moderna: uomini così uguali agli altri ma al contempo così soli.

L'uno scolpisce *nel e col* romanesco, l'altro mescola slang, volgarismi e volgarità, ma l'esisto è lo stesso: vivisezionare l'animo dell'uomo, così com'è, oltre il perbenismo e la cecità dello Stato.

> Pasolini usa quella lingua regredita per raccontare le disavventure del Riccetto e dei suoi amici e così si impedisce una posizione *super partes*, psicologica e morale. L'adozione della lingua del luogo è un'imperterrita

---

celle, Feltrinelli, Milano, 1997, pp. 103.
[20] *Ivi*, p. 104.

dichiarazione d'amore, come scrisse Contini,
nei confronti del mondo reale[21],

per dirla alla maniera di Vincenzo Cerami.

Togliete le tendine dal palcoscenico, ricoprite gli inchiostri borghesi con deiezioni e sudori, corrompete i loro vini raffinati e vi ritroverete sulla scena i vicoli romani o le ampie strade di Los Angeles e tutti i loro disgraziati.

C'è uno scarto, come abbiamo detto, tra i due artisti.

Pasolini resta distante, anche nel suo nobile utilizzo del romanesco, anche nell'andare a fondo nell'animo dei personaggi e nelle sue descrizioni dettagliate, colte e angosciate, nel suo essere narratore-spettatore, nel suo fare politica.

Bukowski, invece, è in quelle strade, è nel vizio dell'alcol, è tra gli smarriti, è lui stesso il primo tra gli smarriti.

Pare non valga per lui quanto Maria Anna Mariani scrive in *Sull'autobiografia Contemporanea*: «Il soggetto che scrive viene soppiantato da una controfigura, da un simulacro: l'io di carne e sangue perde progressivamente consistenza e al suo posto, sulla pagina, risplende un'icona di inchiostro»[22]. Se anche

---

[21] P. P. PASOLINI, *Ragazzi di Vita*. Edizioni Garzanti, Milano, 2012, p. 12.
[22] M. A. MARIANI, *Sull'autobiografia Contemporanea. Nathalie Sarraute, Elias Canetti, Alice Munro, Primo Levi*, Carocci

la sua biografia sia stata in qualche modo ingolfata da una narrazione mitica da fan, editori e detrattori, il simulacro cui affida i suoi ricordi, il passato, è la chiara proiezione del suo vissuto. Senza più marcare la soglia tra *finction* e non *finction,* anche in quei racconti in cui è chiaro lo sbilanciamento verso il primo, come in *Svastica,* racconto contenuto in *Erections, ejaculations, exhibitions and general tales of ordinary madnes,* censurato nell'edizione italiana o nello stesso *Pulp.*

«Quello che ho cercato di fare, se posso dire, è di registrare gli aspetti della vita degli operai… le urla delle mogli quando rientrano a casa dal lavoro. Le realtà che stanno alla base dell'esistenza di qualunque uomo… qualcosa che raramente viene menzionato nella poesia dei secoli»[23].

È la prospettiva a cambiare: Pasolini, che pure ha vissuto quell'esistenza fatta di corse, rincorse, turbe mentali e calamità familiari, è ancora troppo un semplice osservatore, un *voyeur* con i gomiti poggiati a un balcone; non scende, non si sporca, resta lì in alto, uncinato dall'impersonale terza persona con cui decide di raccontare le *sue* storie.

Sporche di anime disperse, piscio e corruzione, le strade del realismo bukowskiano si caricano invece di un significato più crudo. Non guarda né dal bas-

---

Editore, Roma, 2012, p. 14.
[23] S. PENN, *Tough Guys Write Poetry.* "Interview", vol XII, no.19, Settembre 1987, p. 98.

so, né dall'alto, piuttosto muove i suoi passi dal *di dentro* e non può uscirne: figlio proprio di quel caos, fratello putativo di quegli esseri schiacciati dalla routine, è come se Bukowski esibisse pubblicamente i loro panni sporchi, che poi – in fin dei conti – sono anche i suoi.

A tal proposito, Harold Norse, nella sua biografia, dal titolo piuttosto evocativo *Memoirs of a Bastard Angel*, ci dice di lui:

> Bukowski era deforme: grosso, gobbo, con una faccia devastata, butterata, i denti guasti macchiati di nicotina, e occhi verdi pieni di dolore. I capelli di un castano scialbo, sembravano appiccicati a un cranio abnorme; i fianchi più larghi delle spalle, le mani piccole e mollicce, grottesche. Una trippona da birra gli ricascava sulla cintura. Portava una camicia bianca, calzoni con le borse, un vestito della misura sbagliata, sul genere di quelli che i detenuti ricevono al momento del rilascio. E lui sembrava uno di loro, spiantato completo[24].

Bukowski è la strada, dunque; è quello stesso Chinaski che gironzola nei suoi libri, tra migliaia di lavori e donne intinte di follia; è il cittadino medio che porta in giro, nelle *sue* tasche vuote e sul *suo*

---

[24] H. NORSE, *Memoirs of a Bastard Angel*, Thunder's Mouth Press, New York, 2002.

volto sofferente, la *sua* sciagura di uomo moderno, privato delle radici e illuso dal futuro.

«I suoi personaggi sono esattamente come lui. Vivono ai margini del sogno americano, non partecipano alla scalata al successo. I loro successi sono solo una vincita all'ippodromo, una serata senza problemi, una stremante scopata»[25]. È puramente un caso se il nostro Chinaski riuscirà *almeno* a diventare uno scrittore di successo, a lavorare a Hollywood per la realizzazione del film *Barfly,* a farla franca dalla morte e a mettere la testa a posto, con una donna stabile al suo fianco.

Viceversa, sono ancora troppo *verganamente* sognatori-perdenti i personaggi di Pasolini. Qui, le illusioni del sogno americano che inondano le pagine e le facce bukowskiane diventano le chiacchiere ingannatrici del Partito, le facili promesse dell'aldilà, ultime ancore di una provvidenza ormai gravata dal peso di troppi lupini avariati. Neanche fosse l'ultimo erede della dinastia *Toscano,* il Tommaso Puzzilli di *Una vita Violenta,* ad esempio, potrebbe tranquillamente passare per l'ennesimo nipote di padron 'Ntoni: anche lui proverà in qualche modo a saltare al di là della staccionata.

Ciononostante, i suoi sforzi non verranno ripagati, verrà sommerso dal Tevere, dal materialismo storico.

---

[25] S. SPOGLI, *Vita di Barbone*, Numero zero di "Isole", Milano, 1995.

Pasolini – scrive Cerami – osserva i suoi personaggi nella consapevolezza che saranno spazzati via dalla storia o, più precisamente, che diventeranno ben altra e infelice cosa. […] Il benessere cresce intorno a questi "regazzini", insieme con la loro fame. Più tardi perfino la fame cambierà di segno, si trasformerà in nuovi bisogni fino ad allora sconosciuti[26].

In Bukowski non si ha paura del fallimento, è un fatto talmente assodato, una perdita già calcolata, prevista e accettata, che è inutile preoccuparsene. L'importante è raccontare, bere, vomitare, osservare, indossare i propri pantaloni e gettarsi nel prossimo vicolo.

Bukowski, i "suoi" argomenti e gli "altri"

Alla Pivano, parlando di Ernest Hemingway, dichiara:

… si tenga le sue guerre e il suo coraggio. Io ho altre cose che accadono a me e a tutti quelli intorno a me. Milioni di uomini e donne che impazziscono e vengono assassinati

---

[26] P. P. PASOLINI, *Ragazzi di Vita, cit.*, p. 12.

centimetro per centimetro ogni giorno. Quello era il mondo reale. Quello era la morte[27].

A tal proposito, ho trovato molto interessante la poesia *A volte è guerra*, contenuta in *Cena a sbafo*, una raccolta di poesie, edizioni Guanda, tratte dal volume *Sifting through the Madness for the World, the Line, The Way* e che contiene componimenti tutti postumi.

> Quando scrivi una poesia
> non deve essere per forza profonda
> può
> essere piacevole e
> semplice
> e non dovresti necessariamente
> occuparti
> solo di cose tipo rabbia o
> amore o bisogno;
> qualche volta il
> risultato più grande può essere anche solo
> alzarsi
> e picchiettare la leva
> del water che perde;
> l'ho
> già fatto due volte mentre sto scrivendo
> questo
> e adesso il water è

---

[27] C. BUKOWSKI, *Quello che importa è grattarmi sotto le ascelle, cit.*, p. 100.

silenzioso.
Risolvere problemi semplici: questa è la cosa
che soddisfa di
più, ti
dà una possibilità e la
dà anche a tutto il resto,

siamo stati creati per realizzare cose
facili
e per sopravvivere a quelle
difficili[28].

Questa poesia potremmo usarla come suo manifesto artistico. È come se avesse voluto bacchettare chi si propone di perseguire un qualsivoglia impegno socio-politico attraverso la letteratura. Parla del giorno, parla della notte, parla dei tuoi problemi ma non affrontare mai quelli del mondo. All'apparenza potrebbe sembrare letteratura del disimpegno, tuttavia sarebbe riduttivo guardare il suo operato da questa prospettiva: Bukowski è fin troppo *dentro* il suo tempo per non rendersi conto di ciò che gli accade intorno.

«Che ti servono i vani giochetti di inutili carte? Leggi ciò di cui possa dire la vita: È mio»[29], potremmo dirla con le parole di Marziale, autore latino

---

[28] C. BUKOWSKI, *Sifting through the Madness for the World, the Line, the way, Cena a sbafo*, Guanda, Parma, 2009, p. 299.
[29] Dagli *Epigrammi* (X, 4), Marziale.

degli *Epigrammi*, vissuto nell'età dei Flavi. Ora, non è mio intento iniziare un labirintico e quanto mai fazioso parallelismo tra l'artista di Los Angeles e quello latino e tuttavia per entrambi la musa trae ispirazione dalla realtà di tutti i giorni; entrambi si scagliano contro i poetastri, colpevoli di riempire i propri pensieri con orpelli fatui, difficili e vanitosi: «Loro fanno l'esatto opposto, per come la vedo io, e a me piace proprio la semplicità e la facilità senza perdere la profondità, o la gloria o la carne o le risate. Questo è quello su cui sto cercando di lavorare, renderlo facile senza perdere il sangue. Questo era il mio piano»[30].

E se in *Dovremmo far saltare il culo allo zio Sam*, titolo emblematico di un saggio contenuto in *Portions from a wine-stained notebook*, nome originale dell'opera che, nell'edizione Feltrinelli, diventa *Azzeccare i cavalli vincenti*[31] afferma di essere un *fotografo della vita, non un attivista* allora quanto segue vale come risposta: «Quello che mi importa è andare a piedi fino all'angolo e comprare il giornale e leggere di uno stupro avvenuto in strada o di una rapina in banca e magari andare a fare colazione da qualche parte e bere una birra e andare in giro o guardare un

---

[30] M. Chénetier, *Charles Bukowski, An Interviw: Los Angeles Agosto 19, 1975,* "Northwest Review", vol. XVI, n. 3, 1977, p. 15.
[31] C. Bukowski, *Azzeccare i cavalli Vincenti.* Feltrinelli, Milano, 2013, p. 98.

cane...»[32]. E se Sartre scriveva di essere scrittore prima di tutto per *suo* libero progetto di scrivere, ma che subito dopo viene da tutti considerato come scrittore, chiedendosi «la voglio o no, una determinata funzione sociale?»[33] Bukowski certi interrogativi non se li poneva proprio.

Bukowski osserva e riporta sulla carta ciò che vede, si proietta *nella fotografia senza lamentarsi, come se la sua pagina sapesse di umanità*, parafrasando ancora una volta Marziale, e non se la sentisse di tradirla quella stessa comunità di cui fa parte, una comunità di uomini e donne folli, sbronzi e impegnati in una guerra quotidiana.

È forse questa genuina indagine del *suo* reale che lo ha indotto a chiedersi perché quella che viene definita la letteratura ufficiale non si sia mai interessata dei poveri, dei pazzi, dei disoccupati, degli smarriti, dei barboni dei bassifondi, della classe lavoratrice, del mondo dei diseredati.

Questi, con Bukowski, conquistano la scena, la fanno da padrone e da reietti dimenticati diventano protagonisti indiscussi della storia: «Questo è il mondo nascosto, questo è il mondo di cui non leggi mai sui quotidiani»[34].

---

[32] *Idem, Quello che importa è grattarmi sotto le ascelle, cit.,* p. 92.

[33] J. P. SARTRE, *Che cos'è la letteratura? Il Saggiatore, Milano, 1960, p. 58.*

[34] M. PERKINS, C. BUKOWSKI, *The Angry Poet,* "In New York",

Ed è qui che si consuma lo scarto con gli autori del passato e del suo tempo.

Qualcuno ha cercato di inquadrarlo artisticamente in una corrente più o meno omogenea: c'è chi ha provato a trovargli punti di contatto con la *Lost Generation*, e chi con la *Beat*.

La *Lost Generation*, con i suoi Hemingway e Fitzgerald, aveva portato sulla pancia una disperazione ancora più crudele e le speranze seminate in seno al nuovo secolo capitolarono in fretta con la Grande Guerra; la realtà era più limpida, chiara, *perduta*.

Su tutta questa *lost litterature* svolazza, come uno spiritello maligno e gravoso, un unico e desolante sentimento che è quasi un presagio.

I "the end" di questi scrittori, d'altra parte, non fanno altro che raccontare fallimenti, mezze vittorie e destini beffardi che lasciano il lettore disorientato, in preda alle vertigini e, ancora una volta, *perduto*: le storie di Robert Jordan di *Per chi suona la campana* e il pescatore Santiago de *Il vecchio e il mare* di Hemingway, Joseph Wayne di *Al dio sconosciuto* di John Steinbeck, Dick Diver di *Tenera è la notte* e il *Grande Gatsby* di Fitzgerald, ad esempio, si muovono tutti sul filo della sopravvivenza che è falsa speranza: «Ora non è il momento di pensare a quello che non hai. Pensa a quello che puoi fare con

vol.1, n. 17, 1967, pp. 15-18.

quello che hai»[35]; e tuttavia, tutti appartengono alla stessa famiglia dei vinti, poiché la storia non premia i giusti e i caparbi: Hemingway, ad esempio, lascia che il suo Robert, dopo aver concluso la sua missione in maniera trionfante, muoia da solo, colpito dai fascisti, con la gamba spappolata, sofferente, senza altro *absenth* consolatorio, con una sola bomba tra le mani per l'ultimo atto eroico e la sua bella Maria ormai lontana; e non fa sconti nemmeno al vecchio Santiago al quale – nonostante la fatica e la voglia di riuscire, nonostante la cattura di un pescecane, dopo mesi e mesi di cattiva pesca – non lascia altro che una grossa lisca di squalo, lo scheletro della vittoria.

È quella luce verde che il Grande Gatsby vede dal molo di Daisy e che si fa prefigurazione della delusione americana, la festa finita prima ancora di iniziare fa pensare che sia possibile sovvertire le leggi del proprio destino e combattere coi mulini al vento, senza restare perduti.

Quelli della *Beat*, Kerouac e Ginsberg su tutti, nonostante lo sfracello verso cui era proiettata la loro generazione, continuavano a mantenere una certa fiducia nel mondo. Percorrere l'America a bordo della follia, dell'alcol e della droga, urlare la propria rabbia, non era una mera protesta o un semplice modo di estraniarsi dal mondo, di schivarlo, tutt'altro: era

---

[35] E. Hemingway, *Il vecchio e il mare*, Mondadori, Milano, 1982, p. 43.

un modo testardo e un po' *sui generis* di viverlo, di riconquistare i propri spazi, di rivalutare l'esistenza e godersela anche e soprattutto con le gioie più semplici, un modo, insomma, per gridare *ci siamo anche noi*.

Per Kerouac, ad esempio – prendendo in esame *On the Road,* l'opera che ha dato il via all'era dei *Beat* – più che un viaggio sembra un estremo tentativo di abbracciare il mondo, un *carpe diem* disperatissimo, certo, sicuramente anche contraddittorio ma allo stesso stretto in un pugno di speranze ammaccate.

Lo stesso termine, che colloquialmente può significare "triste, abbattuto", riferendosi alla comunità afroamericana e alle sconfitte sociali cui fu costretta a patire, viene percosso, trafugato, riempito eccitanti e così rinnovato da Kerouac: *Beat* diventa sinonimo di ottimista, beato.

Siamo nell'America dei sogni, quella uscita vincitrice dalla Seconda Guerra Mondiale, quella che, agli occhi dell'opinione pubblica, era l'emblema della vittoria della Democrazia sul Totalitarismo, quella che aveva lottato e vinto contro la Grande Depressione.

Vincere era sinonimo di Stati Uniti.

I successi statunitensi in ogni settore esplosero in un'improvvisa epidemia di fiducia: dal 1945 in poi ci fu un massiccio afflusso di persone dalle periferie alle grandi città che diede vita a nuovi quartieri nei quali andò consolidandosi, con i loro appartamenti monofamiliari, semplici ed economici, quella che fu definita la *middle class*, il nuovo esercito americano: i consumatori.

Questi ben presto riempirono le proprie case di tutte quelle comodità rese irrinunciabili dalla televisione, nuovo potente mezzo di comunicazione che definì non solo l'intrattenimento familiare di nuova generazione ma soprattutto il nuovo modello di vita; e come se tutto ciò non fosse bastato, il 1940 dava alla luce la prima catena di fast-food, a opera dei due fratelli californiani Dick e Maurice McDonald, che offriva un pasto energetico, veloce ed economico ai lavoratori proiettati verso il nuovo millennio.

«Il cittadino americano della classe media o della borghesia ricca è un aggregato di negativi. Lo caratterizza in vasta misura ciò che non è»[36], scriveva William Burroughs in *La scimmia sulla schiena*.

Era l'affermazione del nuovo sistema di vita, della concorrenza sfrenata per assicurarsi un lavoro concitato e necessario se si voleva accedere a consumi di massa. Uno stile di vita che travolge e sbrana quelle premesse-promesse tanto sognanti e rassicuranti della democrazia americana. Il cittadino ideale diventava l'individuo "libero di scegliersi", attraverso "comodi" pagamenti rateali, consumi stereotipati – sempre gli stessi, uguali per tutti – e il cui bisogno veniva ininterrottamente incoraggiato dalla réclame com-

---

[36] W. BURROUGHS, *La scimmia sulla schiena*, Bur Rizzoli, Milano, 2010, p. 26.

merciale. A questa America dell'utopia risposero quelli della *Beat*, che si autodefinirono poeti in una terra di filistei, uomini alla ricerca del proprio destino spirituale prima che materiale.

Per questo, il viaggio *on the Road* di Kerouac diventa il vero e proprio manifesto dell'etica rovesciata, l'ostilità a un certo stile di vita, la lotta al Dio-denaro: è un nomadismo continuo, attraverso l'America, bruciando la vita consumata dall'alcol, dalla droga e smaterializzata dalla meditazione Zen, di cui si era infatuato Kerouac, alla ricerca di una via di fuga.

> Non è che Kerouac sia un anarchico, perché essere un anarchico significa già credere in un movimento; non è che sia antimilitarista, perché per essere un antimilitarista bisogna credere nella guerra o nella pace. Non si dimentichi che mentre tutto il mondo si affannava a prendere posizione pro o contro la bomba atomica Ginsberg pronunciò alla radio la famosa frase: *Andate a farvi f...ere, voi e la vostra bomba atomica;* e Keroauc era certamente d'accordo[37],

citando la post-fazione di Fernanda Pivano all'edizione italiana de *I sotterranei*.

Sembra quasi sentire le stesse parole di Bukowski eppure, se Kerouac & co. sembrano in qualche modo

---

[37] J. KEROUAC, *I sotterranei,* Mondadori, Milano, 1985, p. 145.

proporre un grido antitetico e d'aggressione all'ordine costituito, il suo è più un cauto e rassegnato disinteresse.

Bukowski, nato e vissuto a cavallo tra le due generazioni, dove lo mettiamo? Forse fu *dadaista,* per quel fortissimo spirito di contraddizione che gli accendeva l'animo al punto da definirsi spesso *nazista-filohitleriano* pur di rispondere in malo modo alle insegnanti troppo conservatrici per il suo spirito anarcoide?

«Mi era semplicemente impossibile trovarmi d'accordo con gli insegnanti, in ogni caso, e gli insegnanti erano tutti antitedeschi. Per pura alienazione, e naturale spirito di contraddizione, mi trovai schierato contro il loro punto di vista»[38]; e ancora: «non ero nazista per carattere o per scelta; erano gli insegnanti, ad appiccicarmi addosso quell'etichetta, con il loro atteggiamento conformista, le loro idee conformiste e i loro pregiudizi antitedeschi»[39].

E come i *dadaisti,* anche il nostro Harry, vista l'importanza data alla nobile arte del grattarsi le ascelle, rifiuta ogni tipo di conformismo estetico e morale.

E però, se pure ci fosse stato nell'animo di Bukowski un qualche demone dadaista, questo si sarebbe fatto largo più per una sua indole caratte-

---

[38] C. BUKOWSKI, *Panino al prosciutto*, Edizioni Teadue, Parma, 2002, p. 271.
[39] *Ivi*, p. 273.

riale che per un vero e proprio manifesto artistico condiviso: «Beh, io sono conformista e nello stesso tempo non lo sono»[40].

Forse aveva ragione Calonne, quando nel 2003 indicò la tradizione tedesca *romantico-espressionista* – i cui scrittori «si muovevano al limite della sanità mentale, soffrivano notti oscure dell'anima»[41] – come sostrato del suo *soul*: «Bukowski è un vigoroso *esistenzialista*, come Samuel Beckett, ma ha anche radici nella tradizione tedesca violenta, straziante, brutale dell'emozione rappresentata direttamente. È più che logico che gli europei l'abbiano subito compreso»[42].

Un po' *europeo* per lo spirito di contraddizione *dadaista* e per l'affannosa ricerca del vero-straziante *esistenzialista*, un po' *beat* per l'esaltazione dell'essenziale, un po' *lost* per quel senso ecumenico di sconfitta, insomma, «Bukowski è stato uno dei pazzi più belli al mondo. Provate solo a trovare qualcuno che sia paragonabile a lui per strada, o lì nella stanza con voi o in quella accanto… non ci riuscirete»[43].

Bukowski è imparagonabile, poiché stile, temi e pensieri, tutto è prima proiettato e poi saldamente

---

[40] *Idem, Quello che importa è grattarmi sotto le ascelle*, cit., p. 88.

[41] *Idem, Il sole bacia i belli. Interviste, incontri, insulti,* Giancarlo Feltrinelli Editore, Milano, 2014, p. 19.

[42] *Ibidem.*

[43] *Idem, Musica per organi caldi*, Feltrinelli, Milano, 2011, p. 21.

fissato nel suo personaggio, e poiché nessun autore ha mai parlato così tanto di sé, facendo – per dirla alla maniera di Oscar Wilde, con buona dose di reinterpretazione – della propria vita un'opera d'arte, allora è impossibile trovare un altro Bukowski così come è impossibile collocarlo in una qualche corrente:

> Se un autobiografo è anche uno scrittore di talento, si sente tentato, che lo voglia o meno, a fare della storia della sua vita un'opera d'arte[44].

Come già accennato, il rapporto con l'élites degli accademici fu da sempre burrascoso. Se qualcuno s'impegnò a offrirgli spazio, tempo e compenso per le sue famosissime letture – veri e propri *show* ai quali accorrevano centinaia e centinaia di *fan* e durante i quali l'autore, spesse volte già ubriaco, si faceva accompagnare da litri e litri di birra – tuttavia non mancava di puntare il dito contro universitari ed editori rei di aver tradito «la poesia avvalendosi di un gioco di parole sicuro, pulito, intelligente, cattedratico, senza ispirazione, che tentavano di addomesticare la sacra Musa barbara»[45].

---

[44] A. MAUROIS, *Aspects de la biographie*, Grasset, Paris, 1928, p. 178.

[45] D. S. CALONNE, introduzione ad *Azzeccare i cavalli vincenti*, C. BUKOWSKI, Feltrinelli, I canguri, 2009.

«Siamo nel 1940. E loro pubblicano ancora roba dell'Ottocento, pesante, faticosa, pretenziosa. A leggerla, o viene il mal di testa o ci si addormenta»[46]; «Quando una mia poesia viene accettata da una rivista che pubblica la cosiddetta poesia di qualità, mi chiedo dove ho sbagliato»[47]; e ancora: «Un uomo con un briciolo di intelligenza in testa o con un po' di sentimento nel cuore non andrebbe mai all'università anche se potesse permetterselo. Lì non ha nulla da imparare»[48].

In questo senso e in questa direzione va letta la poesia *Parole per te*, anche questa contenuta nella raccolta *Cena a Sbafo*; se Bukowski ha qualcosa da dire, non si tira mai indietro e, anzi, punge fin dal titolo. Potremmo immaginarcelo, seduto, ubriaco, con sguardo divertito e sentenzioso, col dito puntato verso la folla brulicante che attende le sue parole, mentre biascica "ho parole per te". «È così facile scivolare nella/ presunzione poetica.»;

> perché ricamiamo tutto quello che diciamo
> / con speciale enfasi / quando tutto quello

---

46 C. BUKOWSKI, *Panino al prosciutto*, Edizioni Teadue, Parma, 2002, p. 271.

47 *Idem, Confessioni di un ubriacone*, saggio contenuto in *Azzeccare i cavalli vincenti*, Feltrinelli, I canguri, 2009, p. 46.

48 *Idem, In difesa di un certo tipo di poesia, di un certo tipo di esistenza, di un certo tipo di creatura fatta di carne e ossa e sangue che un giorno morirà*, saggio contenuto in *Azzeccare i cavalli vincenti*, cit., p. 60.

che dovremmo fare / è solo dire ciò che/
deve essere detto / naturalmente la realtà è
/ che c'è ben poco che deve / essere detto. /
Così imbellettiamo le nostre / grette meditazioni artificiose / e invochiamo attenzione
/ in modo da poter sembrare / un po' più /
importanti/ o anche più / sinceri / degli altri[49].

Non c'è bisogno di fingere, non c'è bisogno di
"imbellettare le nostre grette meditazioni artificiose",
come a voler a tutti i costi richiamare l'attenzione
di qualcuno, come a voler dire "guardami!": ciò che
bisogna fare è "solo dire ciò che deve essere detto".

Scarna e piena di significati, diretta, cruda ma
policromatica, la sua scrittura non può tergiversare,
corre come un treno che ha già fatto ritardo e non può
accumularne altro. Che siano i vati della poesia a di-
vagare tra decorazioni e fatue digressioni, Bukowski
non ne ha bisogno, Bukowski non può perdere tempo.

E né può il lettore arenarsi in una qualche vorti-
cosa descrizione alle prime pagine.

---

[49] *Idem, Sifting through the Madness for the World, the Line,
the way – Cena a sbafo.* Guenda, 2009, pp. 133-134. («It's so
easy to slide into / poetic pretension."; "why do we embroider
everythong we say / with specal emphasis when alle we really
need to do is simply say what needs to be said? / the fact is /
that there is very little that needs / to be said / so we dress up
our / little artful musings / and clamor for attention / so that
we may appear to be / a bit more / important / or even more /
truthful / than the others»).

Lui, l'uomo *vero*, non per una qualche ostentazione virile, ma per la capacità di porre la sola pagina come schermo tra lui e il lettore, non fa altro che traslare il suo io, i suoi modi di fare, la sua cronica ubriachezza nell'idiosincrasia della parola. Ed è per questo che quella di Bukowski è una parola semplice e unica: perché «in questa scrittura molto letteraria, ripetitiva, sostanzialmente prevedibile, Charles Bukowski fa irruzione con una cosa nuova. La cosa nuova è lui stesso, Charles Bukowski», per dirla con le parole di Beniamino Placido pubblicate su *La Repubblica*, il 18 maggio 1978, in seguito alla prima pubblicazione italiana di "Storie di ordinaria follia".

E tuttavia va chiarito che mancanza di decorazioni non significa poca attenzione alla forma. Una prosa asciutta ed essenziale richiede anzi maggiore cura nella scelta delle parole e della loro disposizione:

> Bukowski era maestro della forma del ritmo e del dialogo: domanda e risposta, pausa e movimento. La sorpresa nascosta tra una battuta e l'altra, dichiarazioni e controdichiarazioni disseminate nel discorso erano il suo punto di forza. Le sue poesie, i suoi racconti e i suoi romanzi più belli sono il risultato di un orecchio assoluto, ottenuto da un senso infallibile per la musicalità e il contrappunto delle frasi[50].

---

[50] C. Bukowski, *Il sole bacia i belli. Interviste, incontri, in-*

A questo punto, ci diventa essenziale provare a riflettere intorno alla domanda che, nel già citato *Charles Bukowski – Scrivo racconti e poi ci metto il sesso per vendere,* si pone Paolo Roversi: «La verità è che l'unicità di Bukowski non è definibile anche se, tanti punti di vista differenti, rendono legittima una riflessione: si può diventare grandi scrittori senza una solida cultura alle spalle?»[51].

E per farlo, parto da una sua dichiarazione:

> Consideratemi pure un tipo terra-terra, se volete, senza istruzione, ubriacone, fate voi. Il mondo mi ha forgiato e io ho forgiato quel che ho potuto. Ho portato sulle spalle mezzo manzo sanguinante che un minuto prima era ancora vivo scagliandolo contro lo stupido uncino in cima al furgone bucando la cartilagine; ho ramazzato i cessi delle donne mentre voi dormivate[...][52].

É lungo questo percorso, con gli occhi puntati sul sangue e nei cessi, in mezzo a cadaveri e mortifica-

---

sulti, Giancarlo Feltrinelli Editore, Milano, 2014, p. 9.

[51] P. ROVERSI, *Charles Bukowski, Scrivo racconti e poi ci metto il sesso per vendere. La vita, la poesia e i segreti di uno scrittore maledetto. Capitolo Oscar Wilde e papa Hemingway*, Edizione Castelvecchi, Roma, 2010, p. 47.

[52] C. BUKOWSKI, *Azzeccare i cavalli vincenti, Saggio sconnesso sulla poesia e sulla vita sanguinante scritto mentre sto bevendo una confezione da sei (grande)*, Edizione Feltrinelli, Milano, 2013, p. 57.

zioni, che arriva alla biblioteca pubblica, come quella di La Cienega, vicino alla chiesa sul West Adams:

> Giravo per la biblioteca in cerca di libri. Li tiravo giù dagli scaffali, a uno a uno. Ma non erano granché. Erano molto noiosi. Pagine e pagine di parole che non dicevano niente. O se dicevano qualcosa ci mettevano troppo a dirla e quando l'avevano detta uno era così stanco che non aveva più nessuna importanza. Sfogliai un libro dopo l'altro. Di certo, tra tutti ne avrei trovato uno che mi andava bene[53].

In queste pagine c'è tutto un rito di iniziazione alla lettura. Il giovane Henry si fa da sé, a partire dai libri, vivendo come un «esiliato e un emarginato, un dilettante»[54], per citare Said che, nel suo *Dire la Verità*, traccia il profilo dell'artista legato a una figura di intellettuale che «si propone di dire la verità al potere»[55].

Qui Said è categorico nell'affermare che l'artista non è chiamato soltanto a intrattenere, con la sua creatività ma, soprattutto, «parlando, scrivendo, in-

---

[53] *Idem, Panino al prosciutto*, Edizioni Teadue, Parma, 2002, p. 172.
[54] E. W. Said, *Dire la Verità. Intellettuali e potere*, Feltrinelli, Milano, 1995, p. 15.
[55] *Ibidem*.

segnando, intervenendo in televisione»[56]. E tra un libro e l'altro, mescolando gusto e immaginario ai suoi umori etilici, alle botte, ai nomi degli autori scoperti, di cui ignora e spesso sbaglia la pronuncia dei nomi, Bukowski va alla ricerca di qualcosa di semplice, qualcosa che, da quel terra-terra, sia capace di rialzarlo. Scopre *Upton Sinclair,* la sua rabbia, i porcili di Chicago; poi è la volta di D. H. Lawrence: «Nessuno mi aveva mai parlato di lui. Perché non lo pubblicizzavano? Lessi un libro al giorno. Lessi tutto il D. H. Lawrence che c'era in quella biblioteca». Poi *Huxley*, «l'amico di Lawrence»[57].

E quando il padre gli gridava "… basta con quei fottuti libri! Spegni la luce!", lui si tuffava in fretta sotto le coperte, in attesa che il padre iniziasse a russare, per poi gettarsi ancora di più – e mi sia scusato il gioco di parole – sui russi. Scrive di Turgenev: «un tipo molto serio, ma riusciva a farmi ridere perché le verità sono molto divertenti, quando le si incontra per la prima volta. Quando la verità di qualcuno è la tua stessa verità, e lui sembra dirla solo per te, è una cosa fantastica»[58].

Però poi arrivò Hemingway: «Che roba! Lui sì che le sapeva metter giù le frasi. Era una delizia. Le

---

[56] *Ibidem.*

[57] C. Bukowski, *Panino al prosciutto*, Edizioni Teadue, Parma, 2002, p. 173.

[58] *Ibidem.*

sue parole non erano noiose, le sue parole ti facevano ronzare il cervello. Bastava leggerle, abbandonarsi alla magia, e si poteva vivere senza dolore, pieni di speranza, non importava come»[59].

Con Hemingway è odio-amore: la sua ammirazione iniziale si attenua, come si attenua il talento e l'inventiva dell'autore di *Addio alle armi*.

Più e più volte si paragona a lui, cercando punti di contatto:

> Hemingway ha studiato le corride per la forma e il significato e il coraggio e la sconfitta e lo stile. Io vado agli incontri di boxe e assisto alle corse dei cavalli per la stessa ragione. Si avverte una sensazione ai polsi e alle spalle e alle tempie…[60]

Ma in *Tutti i grandi scrittori,* capitolo contenuto in *Storie di ordinaria follia*, dice: «non è possibile spacciare e contemporaneamente scrivere. Soltanto Hemingway era in grado di farlo, e poi perfino lui s'è scordato di come si fa a scrivere»[61].

Con ironia devasta il suo primo amore-eroe e lo devasta non soltanto per auto-compiacersi di una presunta superiorità letteraria (perché è innegabile

---

[59] *Ivi*, p. 174.
[60] C. Bukowski, *Azzeccare i cavalli vincenti, Prima edizione nell'Economica Feltrinelli, Milano*, p. 146.
[61] *Idem, Compagno di sbronze*, Feltrinelli, Milano, 1998, *p. 45.*

che Bukowski sia stato, in tutta la sua traboccante insicurezza, tremendamente pieno di sé), ma soprattutto perché vedeva nella sua scrittura più matura un continuo rarefarsi, "addomesticarsi", diventava «lattiginoso»[62]:

«La sua scrittura imitava se stessa, non stava più scrivendo in realtà»[63].

E ancora, sempre più critico e pungente, in *Panino al Prosciutto*, scrive:

> Hemingway ce la metteva tutta. Nella sua scrittura si sente la fatica. Erano blocchi massicci messi insieme. Anderson sapeva ridere mentre ti diceva qualcosa di serio. Hemingway non sapeva ridere. Uno che scrive alle sei del mattino non può avere alcun senso dell'umorismo. Vuole sconfiggere qualche cosa[64].

E tuttavia il vecchio Buk gli deve molto: Hemingway gli ha mostrato una strada, quella del linguaggio vernacolare puntellato dallo slang rozzo dei bassifondi, ma più di ogni altra cosa a folgorarlo sono stati i dialoghi, la semplicità della sua prosa:

---

[62] *Idem, Quello che importa è grattarmi sotto le ascelle, cit.*, p. 74.

[63] *Idem, Alla ricerca di un eroe*, in *Cena a Sbafo*, Guanda, Parma, 2009, p. 239.

[64] C. BUKOWSKI, *Il Capitano è fuori a pranzo*, Feltrinelli, Milano, 2000, pp. 78.

raffinati, taglienti, e poi diceva lo stesso le cose con quel modo di scrivere facile che mi influenza, ne sono sicuro. Inconsciamente cerco di fare lo stesso, dire le cose nel modo più semplice possibile e dire lo stesso quello che è necessario dire[65].

Messa una croce su Hemingway, il suo autore preferito fu senza dubbio John Fante, scrittore di origine abruzzese, nato a Denver l'8 Aprile del 1909, e ideatore – se così si può dire – della saga su Arturo Brandini.

Pare sia stato proprio Charles Bukowski a rilanciare Fante nel mondo della letteratura, dopo un susseguirsi di fiaschi editoriali; in ricerca di qualcosa che lo sconvolgesse, di qualcosa di unico, inciampò in *Ask the Dust* e fu subito amore:

Ero giovane, saltavo i pasti, mi ubriacavo e mi sforzavo di diventare uno scrittore. Le mie letture andavo a farle nella biblioteca di Los Angeles, nel centro della città, ma niente di quello che leggevo aveva alcun rapporto con me, con le strade o con la gente che le percorreva… […] poi un giorno presi un volume e capii subito di essere arrivato in porto […]. Ecco finalmente uno scrittore che non aveva paura delle emozioni. Ironia e dolore

---

[65] F. Pivano, C. Bukowski, *Quello che importa è grattarmi le ascelle, cit.*, p. 38.

erano intrecciati tra loro con straordinaria semplicità. Quando cominciai a leggere quel libro mi parve che mi fosse capitato un miracolo, grande e inatteso[66].

Costrinse e quasi ricattò la sua casa editrice, la Black Sparrow Press, perché ristampasse *Chiedi alla polvere*.

E di Fante amò tutto, il sarcasmo spregiudicato,

lo stile lucido e sorprendentemente asciutto, con capoversi e capitoli brevi, ma ciò che, almeno all'inizio, attirò Bukowski fu l'argomento. Il protagonista, Arturo Bandini, è un aspirante scrittore di vent'anni, figlio di immigrati, che si sente escluso dalla società[67].

Il piccolo Hank si riconosce in Arturo e l'emozione è tanto più forte giacché Bunker Hill, quartiere di Los Angels in cui sono ambientati gli intrecci fantiani, esisteva davvero.

L'autore italo-americano diventa così come un maestro, il sacerdote della letteratura, la luce, "il suo Dio", tanto da costringere le sue amanti, nel bel mezzo dell'amplesso, a chiamarlo Arturo Bandini;

---

[66] J. Fante, *Chiedi alla polvere*, Introduzione di Emanuele Trevi, pag. XXV, Edizione Einaudi stile libero, Torino, 2004.
[67] H. Sounes, *Bukowski, La vita ribelle dello scrittore che ha raccontato l'altra America*, Prima edizione Saggistica TEA, Parma, 2004.

tanto da stargli accanto durante gli ultimi giorni della sua vita, il cui momento fu suggellato dalla poesia che segue.

Epilogo
Fante che se n'è andato a Hollywood,
Fante su un campo di golf,
Fante al tavolo da gioco,
Fante in una casa a Malibu,
Fante amico di William
Saroyan.
Ma Fante il ricordo più bello
che ho di te
era negli anni '30
quando vivevi in quell'albergo vicino
all'Angel's Flight
e lottavi per essere uno scrittore,
inviando racconti e lettere
a Mencken.
a quei tempi
ti veniva fuori
l'urlo dallo stomaco.
e io lo sentivo.
lo sento ancora adesso.
e mi rifiuto di immaginarti
su un campo di golf
o a Hollywood.
ma questo non è importante
adesso che sei morto però il fatto che tu fossi
un grande scrittore
quello resta
e insieme il modo in cui mi hai aiutato
a mettere le parole

sulla carta
come volevo io.
sono felice di averti incontrato alla fine
anche se stavi
morendo
e mi ricordo quando
ti ho domandato
"senti, John, come cavolo
gli è andata a quella ragazza
messicana
di Ask the Dust?"
e tu mi hai risposto
"si è scoperto che era
una dannata
lesbica!"
e poi è entrata l'infermiera
con delle grosse
pillole bianche
per te[68].

Tuttavia, nelle opere di Bukowski, a parte l'amore sconfinato per se stessi, c'è poco della vena narrativa del suo amato: Fante è ancora troppo moderato per lui, forse troppo cattolico, il suo humour è troppo ricamato agli angoli; insomma, laddove Bukowski esagera con la volgarità, ci dà dentro, supera la staccionata, trasborda ogni confine, potremmo dire che Fante la usa col contagocce.

---

[68] C. BUKOWSKI, *Betting on the Muse. Poems & Stories*, traduzione di Christian Raimo, [mancano editore, luogo, data].

In *Ask the Dust*, ad esempio, quando il giovane Arturo inciampa in un adulterio con Vera Rifkin, sposata e di origine ebrea, un terremoto diventa sinonimo di castrazione, di purgazione divina:

> Nel dodicesimo capitolo Bandini finisce a letto con una donna sbagliata, una donna fragile a cui non può che fare del male. La usa, insomma. Al mattino si alza dal letto, esce e la terra si mette a tremare: terremoto a Los Angeles. «Ero stato io. Era mia la colpa». Non credo che a un buddista verrebbe in mente. Neanche a un protestante. A un cattolico sì. «Sei stato tu, Arturo, e questa è la collera di Dio»[69],

scrive Alessandro Baricco nella sua prefazione all'edizione Einaudi del 2004 di *Chiedi alla polvere*.

In Bukowski mai troveremmo un tale *mea culpa* da scomodare perfino Dio, se mai ci fosse stato un recondito tentativo di redenzione dell'anima, e in *Pulp* sembra addirittura voler scimmiottare ironicamente l'amico-collega di origine abruzzese: «Cominciai a respirare affannosamente. Mi tirai la cerniera. Poi ci fu una scossa di terremoto. Feci cadere la foto e mi infilai sotto la scrivania. Era bello forte. Intorno al sesto grado. Sembrò durare un paio di minuti. Poi cessò»[70].

---

[69] J. FANTE, *Chiedi alla polvere, cit.*, p. XX.
[70] C. BUKOWSKI, *Pulp. Una storia del XX secolo*, Fetrinelli,

E infatti, parlando del suo Dio, Bukowski accusò la sua poca follia:

> Quel modo di scrivere facile permette a un mucchio di emozioni di entrare in quel modo di scrivere. Beh, io ho anche pietà ma ho anche pazzia. Una debolezza di Fante è che non è affatto pazzo. Non c'è follia in lui. Capisci, la follia è molto interessante. E a me piace che uno scrittore sia un po' strano, o demente: soltanto un poco. Io posso avere pietà ma mi piace che siano anche un po' pazzi perché allora sono ben sicuro di quello che c'è da aspettarsi che dicano[71].

E d'altronde Chinaski – anche quello più appassionato, anche quello pronto a recuperare mille volte il busto d'argilla realizzato da una sua amante e raffigurante il suo volto butterato, scagliato in giardino a ogni litigio – mai si è lanciato, e forse mai si sarebbe lanciato, per amore, fin dentro al deserto...

E poi *Céline*.
Durante un'intervista, alla domanda del giornalista "che messaggio vuole mandare agli italiani", Bukowski risponde «Non urlate così tanto. E leggete

---

Milano, p. 72.
[71] F. Pivano, C. Bukowski, *Quello che importa è grattarmi le ascelle, cit.*, p. 77.

Céline»[72]. Del suo amore per lui ho fatto già cenno nell'introduzione, parlando di *Pulp*.

> Nella strada che avevo scelto, davvero la più stretta di tutte, mica più spessa di un grosso ruscello di casa nostra e tutta sporca di grasso sul fondo, bella umida, piena di tenebre, ci camminavano già tante di quelle altre persone, piccole e grosse, che mi trascinarono con loro come un'ombra. Risalivano con me nella città, al lavoro senza dubbio, naso all'ingiù. Erano i poveri di dovunque[73].

Così scrive Céline, eppure potrebbero essere tranquillamente parole di Bukowski: reali, taglienti, a tratti romantiche. Lo scarto tra i due si consuma per il modo di affrontare gli argomenti: Céline manca di ironia, in tutto il *Voyage* pare di sprofondare in un eterno e irrimediabile baratro.

E forse è da Céline che Bukowski coglie quel linguaggio proprio dei reietti, come a voler prendere il loro punto di vista, e non solo attraverso i dialoghi ma soprattutto nell'intero racconto.

Era come se Céline avesse voluto abbassarsi «al loro livello e tuttavia senza mai idealizzarli, senza

---

[72] C. BUKOWSKI, *Hollywood, Hollywood!*, Feltrinelli, Milano, 1992, p. 169.

[73] L. F. CÉLINE, *Viaggio a termine della notte*, Corbaccio, Milano, 1992, p. 216.

mai pensare che un ipotetico riscatto potesse passare dalle loro mani: fatto che non gli sarà perdonato dalla sinistra ufficiale»[74], scrive Ernesto Ferrero, nella postfazione del *Voyage*, nell'edizione Corbaccio.

Come Céline, Bukowski – e mi sia permessa questa specie di *calembour* – dà voce al parlato. È il *vulgus cotidianus* che spezza le catene del virgolettato, le stupra, diventa letteratura che è anche speranza.

La distanza tra i due scrittori è leggibile nel modo di interpretare la pazzia, l'animo umano, le sue difficoltà, quel fastidioso pensieraccio che è la morte.

Alla disperazione si può rispondere in più modi: o si impazzisce, o si sprofonda nella depressione – per alcuni, un baratro irrimediabile, in grado di trascinare tutti in un declino mortale – o si fa come il vecchio Buk, che prende in giro la morte a *colpi* di sesso, alcool, sarcasmo a manetta e un po' della prima opzione, la pazzia.

E a Céline pare possibile solo la prima strada:

> I ricchi non hanno bisogno di uccidere con le loro mani. Fanno lavorare gli altri, come si dice. Il male non lo fanno loro stessi, i ricchi. Loro pagano. Si fa di tutto per piacergli e tutti sono contenti. Mentre le loro donne sono belle, quelle dei poveri sono brutte. É un risultato che viene dai secoli, vestiti a parte. Belle carine, ben nutrite, ben

---

[74] *Ivi*, p. 652.

> lavate. Da quando c'è, la vita non è arrivata
> che a questo[75].

È innegabile una certa somiglianza: sembra di rivedere i *giacconi di pelle e la vacuità dei volti»* dei bar bukowskiani, bar che poi fanno da metafora a tutto un modo di vedere la vita. Tuttavia lo scrittore americano, laddove non riesce a stemperare la tragedia della vita col solito trittico sarcasmo-alcool-sesso, ci arriva con la tenerezza, con quella *stretta dentro* al punto da abbracciare degli sconosciuti, quella che sembra mancare a Céline, troppo spietato e assassino, perfino per Bukowski.

«Per constatare con i propri occhi la distanza tra Bukowski e altri poeti converrebbe andarsi a vedere il film di Ron Mann, *Poetry in Motion*, del 1982»[76], consiglia Jim Christy nel suo *La sconcia vita di Charles Bukowski*, traduzione del titolo originale *The Buk Book*, edito da Feltrinelli.

Qui Bukowski dà un saggio del suo carattere anarchico, sfrontato e appuntito: «Chi crede che un poeta sia una persona speciale si sbaglia. In genere è solo una stupida testa di cazzo che se la mena scrivendo versi incerti, senza né capo né coda», biascica, con quel suo tono «quasi piagnucolante», che è lo stridio profondo su cui scivola il passato.

---

[75] *Ibidem.*

[76] J. CHRISY, *La sconcia vita di Charles Bukowski*, Feltrinelli, Milano, 1998, p. 21.

Bukowski, la sua scrittura e quel timbro cupo, folle e ubriaco, tutto è il risultato di una lotta che lo porta a «provocare, contrastare, a costo di risultare spiacevoli»[77].

Charles Bukowski è quel liceale che, nel 1939, senza ragazza, al ballo di fine anno, resta a guardare le coppie felici dalla finestra. Mediocre a scuola, senza una guida familiare solida alle spalle, si è fatto da solo, in giro per gli States, con una valigia di cartone, sorseggiando whisky in coda all'autobus, scrivendo dai cinque ai sei racconti a settimana in cerca della "frase perfetta". A dispetto dei tanti rifiuti editoriali, fa di tutto per mantenere accesa la "scintilla", tuttavia, cinico perfino con se stesso, «non si faceva illusioni, e nemmeno aveva manie di grandezza»[78]:

«Partire era qualcosa da fare, tutto qua»[79].

Da cosa è stato causato?

«È stato causato quando ero bambino. Mio padre mi faceva tagliare un maledetto prato. E spianarlo. Dovevo tagliare ogni filo di erba in modo che fossero tutti uguali. Se un filo d'erba sporgeva, mi picchia-

---

[77] E. W. SAID, *Dire la Verità. Intellettuali e potere*, Feltrinelli, Milano, 1995, p. 27.
[78] J. CHRISY, *La sconcia vita di Charles Bukowski, cit.*, p. 21.
[79] *Ibidem.*

va...»[80]. Risposta veloce, istintiva. Viene su dalle viscere.

Quello della famiglia Chinaski è un dramma straripante e l'autore non perde mai occasione di parlarcene con scherno: non mette argini, racconta e lascia che il ricordo divori il foglio.

Henry nasce e cresce in una famiglia moralista, ipocrita, una famiglia per cui il lavoro è tutto, non solo perché è l'unico mezzo con cui è possibile vivere e/o tentare di ribaltare la propria condizione sociale ma soprattutto perché è con il sudore e la fatica che conquisti il rispetto e – se vogliamo essere più precisi – preservi la dignità.

Quando il padre perde il posto di lavoro, il primo pensiero è *cosa penseranno i vicini?* Niente paura, ecco la soluzione: ogni mattina il padre esce presto, fingendo di recarsi a lavoro e rincasa tardi in modo che nessun vicino possa accorgersi della differenza.

E a causa della superbia dei genitori, che si consideravano migliori di chi abitava nel loro quartiere, gli era proibito giocare con gli altri bambini: «Non mi era permesso di giocare con gli altri bambini. "Sono bambini cattivi" diceva mio padre, "figli di gente povera". "Sì", diceva mia madre. I miei genitori avrebbero voluto essere ricchi e così facevano finta di essere ricchi»[81].

---

[80] C. BUKOWSKI, *Quello che importa è grattarmi sotto le ascelle, cit.*, p. 54.
[81] C. BUKOWSKI, *Panino al prosciutto*, Edizioni TEA, Parma,

Il padre era tirannico, violento, brutale e lo puniva ogni volta che disubbidiva; la madre taceva, succube e allo stesso tempo vittima dell'amore ossequioso per il marito. Ogni Sabato, il piccolo Henry era costretto a falciare il prato, mentre gli amici giocavano a baseball, pomiciavano, si sbucciavano le ginocchia, litigavano, insomma vivevano. E se un solo filo d'erba sbucava insolente, ecco che, a rimettere in riga il piccolo Henry, ci pensava la coramella, strumento con cui si era soliti affilare il filo dei rasoi a mano.

L'infanzia è così un trauma tanto forte da porre Bukowski ai margini della felicità fin da piccolo: «Vidi per la prima volta altri bambini della mia età all'asilo. Erano molto strani, ridevano, parlavano, e sembravano felici. Non mi piacevano»[82].

In molti dei suoi racconti, in quasi tutti i romanzi, in molte interviste, Bukowski ci indirizza, ci dà il perché del suo essere così trasandato: "è che ho avuto poco affetto". E qui la nota a piè di pagina richiederebbe un elenco sconfinato di opere.

A Bukowski piace ripetersi ma non si auto-plagia mai, anzi, sbiadisce, rimescola i colori, aggiunge nuove e interessanti pennellate al ricordo. A volte muta, a volte affina ma il più delle volte è come se non riuscisse mai a mettere un punto, una conclusione, sapendo che

---

2002, p. 27.

[82] *Ivi*, p. 27.

> la memoria funziona in modo dinamico e imprevedibile. Non produce mai una fotocopia dell'oggetto memorizzato, ma ne modifica costantemente la forma e il significato. Lavora per associazione di idee, per suggestione e per semplificazione. Tiene il passato in fermento ogni volta che ne rievoca un pezzo lo ritocca un po'[83].

È come una ferita che non sa risanarsi e intanto si guaisce dal dolore e quello di Bukowski è un continuo latrato smorzato dall'ironia con cui fa beffa di sé e di tutti noi.

Il recupero del passato drammatizza il linguaggio e col vecchio Buk l'assenza diventa una paradossale presenza: quel "poco affetto", ripetuto all'infinito, si fa assurdo e odiato compagno di viaggio, come un *delay* che affanna la voce ma riempie gli spazi vuoti di ogni dannato giorno.

È la giustificazione al consumo dell'alcol, alla sua depravazione, al suo cinismo. Un cinismo che, però, non gli oscura il pensiero: resta vivo, sveglio, non lo incattivisce, lo rende soltanto un "consapevole disilluso" pieno di sangue inacidito che gli corre veloce fino al cuore. La dedica in *Panino al prosciutto* – opera in cui ripercorre la sua infanzia, tra percosse, prati

---

[83] M. A. Mariani, *Sull'autobiografia Contemporanea. Nathalie Sarraute, Elias Canetti, Alice Munro, Primo Levi*, Carocci Editore, Roma, 2012, p. 17.

da falciare, prime bevute, prime masturbazioni, vai e vieni dall'ospedale per curare quell'assurdo acne, ti strappa via il respiro – è un cazzotto allo stomaco: "A tutti i padri".

L'opera, così, diventa quasi un vadevecum, un manuale per tutti quei padri che non vogliono comportarsi come Bukowski senior.

È forse questo il motivo per cui Bukowski diventa un padre tenero e devoto. Quando il 7 settembre 1964 Frances Elizabeth Dean, la compagna di quel periodo, diede alla luce la piccola Marina, per lo scrittore fu come rinascere: «La bambina è Marina Louise Bukowski io ne sono pazzo. Ha la bocca e gli occhi grandi, e quando la bocca si apre e si allarga in quel sorriso, tutto girasoli e sole, resto senza fiato, e lei può fare di me ciò che vuole»[84], scrive in una lettera all'amico scrittore John William Corrington.

«La voleva cambiare, si prendeva cura di lei. Adorava stare a guardarla mentre si studiava le dita dei piedi e delle mani»[85], ricorda Frances, e non è finita qui: Bukowski «presenziava puntualmente alle feste per l'inaugurazione dell'anno scolastico, come un perfetto papà» e lo si poteva vedere «tra il pubblico durante il saggio di fine anno»[86]. E la figlia Marina testimonia: «Mi faceva ridere un sacco. Ma la cosa

---

[84] H. SOUNES, *Bukowski, La vita ribelle dello scrittore che ha raccontato l'altra America*, TEA, Parma, 2004, p. 81
[85] *Ibidem.*
[86] *Ivi*, p. 143.

veramente bella era riuscire a giocare con lui e potergli dire tutto, capire che sapeva davvero chi ero. Con lui mi sono sempre sentita protetta e felice»[87].

Straordinario, vero? Ve lo sareste mai immaginato da quel vecchio sporcaccione?

Ma tornando a *Panino al Prosciutto*, di quest'opera, disse in un'intervista:

> È un romanzo dell'horror. È stato molto difficile per me scriverlo, ma ho cercato di usare humour e leggerezza in modo da stemperare la tristezza della mia infanzia. [...] Il titolo richiama deliberatamente *The Catcher in the Rye*, uno dei romanzi preferiti di Bukowski, ed è una sorta di metafora della situazione di Chinaski, intrappolato tra i due genitori come il prosciutto in un panino[88].

Ha ragione Sounes quando dice che, rispetto alle altre opere, questa manca del solito umorismo, e non può essere altrimenti: «entra in una zona della sua vita dove gli era arduo trovare qualcosa di cui ridere»[89].

La moglie Linda Lee, nel film documentario di John Dullighan, *Born into This*, mette in evidenza il taglio, l'allontanamento dall'originale familiare.

---

[87] *Ibidem.*
[88] *Ivi*, p. 218.
[89] *Ibidem.*

Lui, col padre, non vuole averci più niente a che fare. Così nacque lo scrittore: «Il suo nome per intero era Henry Charles Bukowski Junior. Suo padre lo chiama Henry, con la sua voce forte e rauca… e Hank era il diminutivo di Henry. Charles Bukowski, semplicemente per uno scrittore, era meglio di Henry Bukowski»[90].

Bukowski cerca un nome che suoni bene, che suoni da scrittore e – ironia della sorte – lo trova, rinnegando proprio quell'"Henry" che sente stonato – forse – non tanto perché se lo ricorda "rauco e forte", non adatto a uno scrittore, quanto per il fatto che fosse proprio il padre a chiamarlo in quel modo.

E se il padre è causa di ogni male esistenziale, una presenza diabolica e incomprensibile, al punto da scrivergli una lunga lettera kafkiana, la madre, per la sua omertà, è quasi assente negli scritti di Bukowski, pagando lo scotto di essere stata complice spesso silenziosa delle angherie subite. Al suo silenzio quotidiano, e non si sa quanto volutamente, Charles la ripagherà con la stessa moneta.

E se la vita domestica è stata traumatizzante, quella trascorsa tra camere in affitto e lavori alienanti non ha certo risollevato il suo animo: quando il 22 gennaio del 1962 muore Jane, la prima donna verso la quale abbia mai provato affetto – la Jane resa celebre

---

[90] J. DULLUGHAN, *Bukowski: Born into This*, Documentario, USA, 2003.

nei suoi romanzi col nome di Betty in *Post Office*, Laura in *Factotum* e Wanda nel film *Barfly* – «scrivere e bere furono le sole cose che gli consentivano di andare avanti»[91], come testimonia Anne Menebroker, poetessa di Sacramento che, proprio in quel periodo, avviò con lo scrittore un intenso scambio epistolare.

E se è vero che «le letture e l'esperienza di vita non sono due universi ma uno», che «ogni esperienza di vita per essere interpretata chiama certe letture e si fonda con esse» e «che i libri nascano sempre da altri libri è una verità solo apparentemente in contraddizione con l'altra: che i libri nascano dalla vita pratica e dai rapporti tra gli uomini»[92], ricalcando Calvino, ecco che è possibile cogliere l'umanità ribollente e di spietatezza e di natura di stampo bukowskiano.

È dalla vita, dagli *altri,* dalle letture clandestine, dalla morte scippa-sogni che scaraventa negli inferi, che il nostro *Factotum* si erge e si forma come scrittore. In un certo senso, «è il trionfo dell'individuo sull'arte»[93], per dirla con Henry Miller. Ma un individuo consapevole, un individuo che produce arte ed è arte al contempo perché è l'universalizzazione dell'individuo verso l'espansione massima, è l'Io ingigantito a dismisura fino a diventare l'Io di tutti.

---

[91] H. Sounes, *Bukowski, La vita ribelle dello scrittore che ha raccontato l'altra America, cit.*, p. 64.

[92] I. Calvino, *Il sentiero dei nidi di ragno,* Mondadori, Milano, 2010, p. 12.

[93] H. Miller, *Tropico del Cancro*, Mondadori, Milano, 1991.

E se anche fosse stato terra-terra, da questa terra si lascia modellare e al contempo modella lui stesso: si arrampica sulle libreria, sopravvivendo al padre; sopporta e schiaccia tra le sue fragilità l'umiliazione di un acne devastante («Il peggior caso che abbia visto in tanti anni di professione!»[94]); scopre le donne, i loro vizi, le loro virtù, si tuffa tra le loro cosce e riscopre il dolore; si rintana nella poesia, camuffando e ingigantendo il proprio Ego.

Un ego che gli serve da difesa, come un grande rifugio anti-nucleare: protetto ma sempre all'erta, in attesa, come se qualcosa di ancora più grave di un'esplosione atomica possa arrivare: «La Generazione Atomica aveva messo al mondo una ben strana banda di gente, e Larry aveva deciso da tempo che giudicarli era solo uno scudo protettivo per nascondere le proprie insufficienze»[95].

L'ultimo bicchiere

Tra l'estate del 1991 e l'inverno del 1993 tenne su un Diario, *Il Capitano è fuori a pranzo*, l'ultimo lascito se non consideriamo lettere, saggi, racconti e

---

[94] H. SOUNES, *Bukowski, La vita ribelle dello scrittore che ha raccontato l'altra America*, cit., p. 150.
[95] C. BUKOWSKI, *Niente canzoni d'amore*, Mondadori, Milano, 2009, p. 90.

poesie date in eredità a moglie e figlia e che ancora oggi vengono pubblicate postume.

Qui lo scrittore è ancora più maturo, è consapevole della sua arte e si mostra spoglio, tenero, oltre la maschera dell'uomo rude. Si resta quasi spiazzati e commossi nel leggere che il buon vecchio Buk, quello delle scazzottate nei vicoli più bui d'America, è ormai un anzianotto alle prese con la nuova tecnologia: tra mouse, tastiere e fogli elettronici, riesce a districarsi, facendo del computer il suo nuovo compagno di gioco, anzi, l'Apple Mac regalato dalla moglie lo rivitalizza, giacché è proprio su questo nuovo giocattolo che inizia a tenere il diario, in cui scrive che col computer «è decisamente più facile mettere giù una parola; si trasferisce più rapidamente dal cervello (o da qualsiasi altro posto arrivi) alle dita e dalle dita allo schermo dove è immediatamente visibile: chiara e netta»[96].

Come in Pulp, anche qui ha la morte alle calcagna, sente il rammarico di dover lasciare la scrittura, ciononostante ha il tempo di biascicare, ancora per l'ultima volta che «la cosa terribile non è la morte, ma la vita che la gente non vive»[97].

Sapeva che stava per morire, eppure evitava di parlarne, tenendosi tutto dentro. Forse per non apparire vulnerabile, desideroso di mostrarsi ancora

---

[96] *Idem, Il Capitano è fuori a pranzo,* Feltrinelli, Milano, 2000, p. 43.
[97] *Ibidem.*

come il grande e duro Bukowski, o forse perché, in fondo, certe emozioni non poteva che inciderle sul foglio: «Diamine, abbiamo bisogno di umorismo, di ridere. Una volta ridevo di più, facevo tutto di più, a parte scrivere. Ora scrivo, scrivo e scrivo, più divento vecchio e più scrivo, ballando con la morte. Bello spettacolo»[98].

Bukowski ha circa settantadue anni, non cambia donna ormai da anni: nella sua vita c'è Linda, la protagonista del romanzo *Donne* col nome di Sara, che gli starà accanto fino alla morte; anche l'alcool è uscito dalla sua vita, grazie alle imposizioni benevole della compagna; è famoso, tuttavia continua con la solita cantilena anarchica, la solita lotta alla scrittura d'élite.

«Tutto quello che dico suona bene perché quando scrivo è come se scommettessi. Molti sono troppo attenti. Studiano, insegnano e sbagliano. Le convenzioni gli stemperano il fuoco»[99].

Nel 1981, Fernando Pivano scriveva: «si limita a mostrare l'assoluta mancanza di senso di una vita di massa alienata dalla spersonalizzazione, incatenata dalla necessità economica, paralizzata dall'impossibilità di liberarsi nel corso di un breve cammino che conduce soltanto alla tomba»[100], e a pochi giorni

---

[98] *Ivi*, p. 11.

[99] *Ibidem*.

[100] C. BUKOWSKI, *Quello che importa è grattarmi sotto le ascelle*, Feltrinelli, Milano, 1997, p. 27.

dall'ultimo giro di boa, Bukowski resta coerente e più appassionato che mai.

Difatti, nel 1982, in *Panino al Prosciutto*, parlando di sé, appena adolescente, racconta di aver inventato un personaggio per tenersi compagnia, il barone Von Himmlen, aviatore tedesco della prima guerra mondiale: «Mi piaceva scrivere del barone. Avevo bisogno di compagnia. Ero sempre solo, e così mi ero creato un compagno, il compagno che volevo, un vero uomo. Non era una bugia, o una finzione. La vita senza un uomo come lui, sì che era una finzione»[101], e a distanza di tanti anni, il "Capitano" dimostra di non essere cambiato, anzi sembra proprio che sotto la sua pelle dura e raggrinzita dal tempo, a riparo dalla morte, si sia nascosto quel piccolo e solitario amante della scrittura:

> Avevo bisogno dello sfogo, del divertimento, della valvola della scrittura. La sicurezza della scrittura. Di quel dannato lavoro. Tutto il passato non significa niente. La reputazione non significa niente. L'unica cosa che conta è la riga successiva. E se la riga successiva non arriva, sono morto, anche se, tecnicamente, sono ancora vivo[102].

---

[101] C. BUKOWSKI, *Panino al prosciutto*, Edizioni TEA, Parma, 2002, p. 169.

[102] C. BUKOWSKI, *Il Capitano è fuori a pranzo*, Feltrinelli, Milano, 2000, p. 11.

Con il *Capitano è fuori a pranzo,* non c'è più molto da dire se non che, costretto ad ammainare le vele a San Pedro, California, nel 1994 colpito da una grave leucemia, Bukowski ci saluta ancora una volta con la scrittura, quell'unico vero vizio che non è mai riuscito a perdere e che lo ha reso immortale, nonostante tutto e tutti, conservando quell'innocente tenerezza, lontana anni luce dai classici luoghi comuni che ombrano la sua leggenda.

Resta se stesso, resta puro, resta Bukowski perché tutto quello che ha vissuto lo ha forgiato, inclinandogli irrimediabilmente lo stile, oltre che lo sguardo.

E da questo sguardo piegato, ci ha mostrato com'è che esplode la scrittura quando esplode dal basso, dal dolore, dalla ribellione:

> Non ci si accorge di essere scrittori, si pensa di esserlo… L'ho pensato per la prima volta a tredici anni, ero pieno di brufoli. Presi il quaderno e lo riempii di parole. Fu la prima volta che mi fu svelato questo meccanismo. Era bello stare seduti a scrivere sul quaderno con una matita, mi sembrò una cosa facile e piacevole, e per me è tutt'ora così[103].

---

[103] J. DULLUGHAN, *Bukowski: Born into This*, Documentario, USA, 2003.

Capitolo II

CINEMANIA:
BUKOWSKI IN PELLICOLA

> Si aprì la porta nella stanza e Jack Bledsoe venne avanti barcollando. Cazzo, era Chinaski da giovane! Ero io! Sentii una dolce sofferenza dentro di me. Giovinezza, brutta figlia di puttana, dove sei finita? Avrei voluto essere ancora il giovane ubriacone. Avrei voluto essere Jack Bledsoe. Ma ero solo il vecchio all'angolo attaccato alla sua birra[1].

Barfly ad Hollywood

Hollywood, Hollywood! è il resoconto romanzato delle disavventure capitate a Bukowski durante la realizzazione del film *Barfly*, e di cui l'autore stesso ha scritto la sceneggiatura. Qui, Bukowski ha 69 anni ma la penna è la stessa. Gioca con i personaggi, storpia

---

[1] C. Bukowski, *Hollywood, Hollywood!*, Feltrinelli Editore, Milano, 1990, p. 144.

nomi, sputa sentenze, dipinge le scene con abile tocco farsesco e deformante. È il solito pagliaccio triste, il solito capocomico dall'animo maledetto.

> Nel descrivere le peripezie legate alla realizzazione del film, – scrive Simona Viciani nella sua prefazione dell'edizione italiana –, l'autore assume un tono dissacratorio nei confronti della Hollywood cinematografica e accompagna il lettore dalla stesura della sceneggiatura fino agli svariati ciak raccontando le assurdità, i timori, i complessi caratteriali ed esistenziali della gente che ruota intorno al mondo fatato e irreale della celluloide[2],

Fante ne era stato risucchiato, Fiztgerald quasi, ed entrambi hanno sacrificato molto della loro creatività, dei tempi e degli spazi necessari per scrivere.

Avevano bisogno di soldi, era questo il motivo principale o forse ha ragione il regista Gianni Amelio a dire, parlando di Fante, che «le esigenze della vita che gli impediscono di dare sfogo alla sua vena a vantaggio di impieghi occasionali, hanno funzionato da alibi per la sfida più difficile: non ingannare i suoi lettori?»[3]

Il regista, nella sua prefazione a *Sogni di Bunker Hill,* prova a correggere il tiro, a imprimere una

---

[2] *Ivi*, p. 11.

[3] J. Fante, *Sogni di Bunker Hill,* Einaudi, Torino, 2004, p. IX.

sterzata violenta a quel luogo comune secondo cui, nella vita di uno scrittore, il cinema è una parentesi, un'arte di serie B:

> non esiste una scala di valori in cui un libro sta sopra e un film sta sotto, non è vero che un pezzo di carta stampata sia di per sé migliore di qualche metro di pellicola impressionata; e non è detto che chi scrive racconti sia più bravo di chi scrive soggetti, o che colui che sa scrivere gli uni possa automaticamente cavarsela con gli altri[4].

Amelio è dell'altra parte della barricata, sta al di qua della cinepresa, ed è quasi naturale che ironizzi sul modo di fare di quei biografi e commentatori che, tirando in ballo il cosiddetto periodo hollywoodiano di Fante, spesso con estenuante retorica, parlano di mortificazioni al suo talento: «ah, se non avesse dovuto piegarsi a questi produttori ignoranti, se fosse stato padrone di scrivere quello che voleva… quanti Bandini in più avremmo a quest'ora»[5], scimmiotta Amelio.

Alibi oppure no, ciò che resta è che, per Bukowski, Hollywood è la perfetta «proiezione del mondo reale, che è sempre un mondo popolato da gente ostile,

---

4 *Ivi*, VI.
5 *Ibidem.*

egoista, arrivista»[6], più di ogni altra cosa, più della cricca della letteratura d'élite.

E a differenza di tanti altri suoi colleghi,

> quando Barbet Schroeder (John Pinochot nel romanzo), futuro regista del film gli propone di dar vita a una sceneggiatura, Bukowski è già uno scrittore affermato, ha all'attivo una ventina di opere pubblicate e un folto gruppo di assidui lettori affezionati alle mirabolanti avventure del suo alter ego, Henry Chinaski[7];

allora perché rischiare di fare fiasco col cinema?

È Schroeder a insistere. Senza Barbet Schroeder non avremmo avuto *Barfly* e di conseguenza *Hollywood, Hollywood!* La dedica al regista, a inizio romanzo, è la giusta ricompensa a chi ha impiegato energie in un progetto così contorto: è lui che sacrifica tempo, denaro e addirittura minaccia di tagliarsi un dito della mano con una motosega, quando i produttori ostacolano per l'ennesima volta la realizzazione del film.

Schroeder ha tanta stima per il suo amico Charles che gli dà carta bianca e lui lo ripaga sedendosi con entusiasmo alla macchina da scrivere: rievoca il Chinaski più bello, quello a spasso per Philadelphia,

---

[6] C. BUKOWSKI, *Hollywood, Hollywood!*, Feltrinelli Editore, Milano, 1990, p. 11.

[7] *Ivi*, p. 9.

il pugile-ubriacone-filosofo alla ricerca di vita vera, dando e prendendo cazzotti nei vicoli bui fuori dai bar.

Con *Barfly* lo scrittore voleva «solo mostrare che vite strane e disperate sono costretti a vivere a volte gli ubriachi»[8].

«Ero l'ubriacone che conoscevo meglio», dice in *Hollywood, Hollywood!*

È il Bukowski degli emarginati, lo scrittore-reporter che ha vissuto ai confini della società, laddove il buio cela il dolore e lo affoga nei bar.

La macchina da presa si sposta tra gli scarafaggi, i topi, il sudiciume, negli angoli dell'esistenza più atroce.

Che significa Barfly lo spiega lo stesso Bukowski:

> Beh, credo che sia un'espressione americana, è uno che come ai vecchi tempi, una persona come me, sta seduto sullo sgabello di un bar dal momento che si sveglia al momento che il bar chiude. Credo che "barfly" (mosca di bar) venga da questo, che quando bevono birra e c'è un mucchio di schiuma sul bar ci sono delle mosche che ronzano e atterrano vicino alla birra e vanno un po' in giro e poi decollano di nuovo. E un barfly è una persona che sta sempre nel bar, sussiste lì, ne ha bisogno. E io per molto tempo sono stato

---

[8] *Ibidem.*

un barfly, stavo lì seduto sullo sgabello del bar. Si entra al mattino, ci si siede e magari si ha qualche centesimo per la prima birra e si spera che qualcuno ti paghi da bere. E io ero un personaggio del vicinato. Ero quel ragazzino che mentre tutti cercavano di fare soldi, di avere dei lavori, se ne stava lì seduto su uno sgabello del bar. E beveva, beveva, beveva. Così la sceneggiatura tratta… beh, è soltanto su tre o quattro notti. È andata avanti così per cinque anni[9].

Il barfly è insomma un reietto, un moscone che svolazza su di un sacco di letame alla ricerca di qualche anima pia che gli offra altro veleno per riscaldarsi lo stomaco, per sopportare la fredda realtà; ne basta poco, un goccio di quella pozione magica ed ecco che si riesce a sopportare un altro giorno, a morire e vivere un po' di più.

In *Hollywood, Hollywood!*, nel bel mezzo dell'invenzione bukowskiana – attraverso il solito gioco mascherante-rivelatore ma in questo caso teso a voler rimarcare maggiormente il concetto – *Barfly* diventa *La danza di Jim Beam*: il film si muove come un'onda nauseante e così racconta l'idiosincrasia del passo tipico dell'ubriaco, quella danza nevrotica e collassante che sconquassa testa, pancia e gambe. E quel Jim Beam non è lì per caso: è il nome di una distilleria di

---

[9] C. BUKOWSKI, *Quello che importa è grattarmi le ascelle*, cit., p. 81.

whisky, la più antica del Kentucky; il nostro Charles, con questo gioco di parole, e soprattutto col termine *danza,* è come se avesse voluto mostrarci l'insegna di un bar, spingerci dentro, e con un ghigno cinico e feroce sui denti, portarci verso gli angoli più nascosti e appuntiti della tentazione.

L'alcol percuote e scioglie le carni più resistenti, si mostra lì, agghindato a festa, muove il suo ventre docile e morbidamente ipnotico come fosse una danzatrice, sfila i guanti, muove le mani alludendo ad attimi di indimenticabile euforia, mostra le gambe color ambra come una prostituta sul ciglio di una strada di periferia. È la storia del vizio, dell'irrefrenabile e inconscia voglia di autodistruggersi, di goccia in goccia, lentamente. È quel *hoc quod volo me nolle* pronunciato con angoscia da una fertile e contraddittoria Fedra di Seneca; insomma il *barfly* è ciò che diventi se balli con un *Jim Beam.*

L'alcol è così una presenza tanto necessaria anche nel film che rende ancora più curiosa la partecipazione al film di Mickey Rourke, Jack Bledsoe in *Hollywood, Hollywood!*

Già a sedici anni inizia a frequentare la famosa palestra per pugili a Miami Beach. Visto come uno degli atleti più precoci e promettenti, notato addirittura dall'allora campione del mondo dei pesi welter, Luis Rodrìguez, la sua attività dilettantistica è caratterizzata da 17 incontri vinti su venti. Un vero record. Ma il destino ha altre strade per il piccolo Mickey: un susseguirsi di infortuni mettono K.O. il suo talento ma gli restano la faccia da duro, le braccia atletiche e qualche cicatrice qua e là, un kit pieno di optional perfetti per Hollywood e soprattutto per interpretare Bukowski; ed è innegabile il fatto che sembri sul serio *Chinaski da giovane.*

L'unico problema è che Rourke non è un grande bevitore ed è un problema di non poco conto, se consideriamo che il film parla di ubriaconi.

Come può un astemio riuscire a interpretare uno come il vecchio Buk?

> Tutti gli uomini della mia famiglia per generazioni e generazioni erano stati alcolizzati. Interpretare quel personaggio mi creava più di un problema, perché molti maschi della mia famiglia non hanno mai raggiunto i cinquant'anni, e io non ho molto rispetto per gli ubriaconi[10],

ammette Rourke, tuttavia studia, osserva Bukowski e lo raggiunge a San Pedro per farsi dare qualche dritta.

«Parlava in un modo molto particolare, quasi come se stesse parlando da solo e non gliene fregasse proprio un cazzo se gli altri lo capivano o no», confessa l'attore di *Nove settimane e mezzo* che aggiunge: «Mi sembrava avesse più fisico con la bocca che con i pugni»[11].

---

[10] H. SOUNES, *Bukowski, La vita ribelle dello scrittore che ha raccontato l'altra America, cit.*, p. 232.
[11] *Ibidem.*

Rourke non aveva mai letto niente di Bukowski, né la sceneggiatura lo colpì granché, il budjet era misero, tuttavia «quando il progetto cominciò a prendere forma e vidi con quale cura meticolosa ci lavoravano, trovai gli stimoli giusti»[12].

E pensare che, per ricoprire il ruolo, si era fortemente candidato Sean Pen che amava Bukowski, era un suo grande fan, stimava le sue opere e pur di interpretare il leggendario Chinaski, lo avrebbe fatto gratuitamente; tuttavia, a Bukowski, Rourke convinceva di più.

Sul set iniziò a presentarsi trasandato, con la barba incolta e i vestiti sporchi, biascicando le parole che sentiva andassero sottolineate.

> Si era trasformato davvero in una mosca da bar. Ci aveva aggiunto qualcosa di suo, che all'inizio non mi convinceva. Mi sembrava volesse strafare, ma poi, col procedere della lavorazione, mi accorsi che ci aveva visto giusto. Era riuscito a creare un personaggio fantastico e amabile, davvero particolare[13].

La ragazza di Chinaski è Wanda Wilcox, interpretata da Faye Dunaway. Fu lo stesso Rourke a suggerirla in quel ruolo.

---

[12] *Ibidem.*
[13] *Ibidem.*

«Erano passati anni dal grande successo riscosso da Faye Dunaway con *Bonnie & Clyde,* e la sua carriera era declinata al punto che le offrivano solo parti per la televisione o per film di seconda categoria»[14]. L'attrice di *Gangster Story* è la dimostrazione che Hollywood è sempre più spesso una tagliola che un trampolino di lancio. Non le era bastato vincere un Oscar, anzi «come scrisse nell'autobiografia *Looking for Gatsby,* sentiva che per colpa dell'età stava diventando invisibile e che *Barfly* era l'opportunità di un suo ritorno»[15].

Wanda Wilcox è ispirata a Jane Cooney Baker, la donna maledetta, amata da Charles.

> Faye Dunaway faceva del suo meglio per somigliare a Wanda, descritta nella sceneggiatura come una donna che *è stata bella; ma il bere sta cominciando a produrre i suoi effetti: ha la faccia un po' gonfia, la pancia lievemente sporgente e sotto gli occhi stanno cominciando a formarsi le borse.* Ma l'attrice era ancora bella e Bukowski non la sopportava[16].

In *Hollywood, Hollywood!*, in cui la Dunaway è chiamata Francine, Bukowski, mentre osserva le

---

[14]   *Ibidem.*

[15]   *Ibidem.*

[16]   *Ivi*, p. 234.

riprese, guarda, rievoca, il cuore si muove a inter-
mittenza, i ricordi corrono dritto al cuore:

> Mi ricordai di Jane che saliva per la stessa
> collina mentre io stavo portando una borsata
> di bottiglie. Solo che quando gridava *Voglio
> le pannocchie!* era come se volesse indietro
> il mondo intero, quel mondo che lei aveva
> perso, quel mondo che in un certo senso le
> era passato di fianco. Le pannocchie dove-
> vano essere la sua vittoria, la sua ricompen-
> sa, la sua vendetta, il suo canto. Ma quando
> Francine urlava *Voglio le pannocchie* suo-
> nava petulante, il tono era piagnucoloso, e
> non aveva la voce disperata da ubriaca. Non
> era male, poteva andare, ma non era giusta[17].

La scena delle pannocchie è quella fondamentale,
l'archetipo esistenziale della pazzia. Henry e Wanda
entrano in un campo privato di pannocchie e lei le
strappa alla rinfusa, folle, schizofrenica, convinta
che – nonostante l'avvertimento di Henry: «Sei ubriaca… le pannocchie sono verdi» – potessero fare da
"antipasto" all'abbuffata di alcol che avrebbero avuto
a casa di lei, ma qui scopre che queste sono troppo
acerbe e si lascia andare a un pianto nervoso.

Wanda e Chinaski si sono incontrati in un bar,
all'Elbow-in. Lui ne rimane subito folgorato. «Sem-

---

[17] C. Bukowski, *Hollywood, Hollywood!*, cit., p. 167.

bra Sofia Loren con i postumi di una sbronza», e per questo motivo non si capacita dell'idea che una bellezza così folgorante possa essere lì, da sola, senza un compagno.

«Perché nessuno le si è messo vicino?», chiede al barista.

«Perché è pazza» è la risposta.

Henry se ne innamora subito, «prende il bicchiere e va a sedersi vicino alla donna, che ha in mano una sigaretta accesa, sta bevendo scotch allungato con acqua e tiene lo sguardo fisso a sé»[18].

È l'incontro di due anime che per osmosi si scambiano e mescolano la propria disperazione più infima.

Paradosso dei paradossi, è l'alcol a legarli ma anche a dividerli:

> Senti, devo dirti una cosa. Tu mi piaci, forse solo perché sei così inutile e abbacchiato. E, visto che abbiamo deciso di cercare di vivere insieme, non ho nessuna intenzione di bruciarti. Ma una cosa devo dirtela: se mi capita attorno qualcuno con un quinto di whiskey, io vado con lui[19].

E lei se ne andrà con Eddie (nel film Frank Stallone), il "barista di notte", proprio lui, l'odiato antago-

---

[18] *Idem, L'ubriacone (Barfly)*, Sugarco Edizioni, Carmago, 2008

[19] *Ibidem.*

nista di tutta una vita, il nemico di mille scazzottate nel retrobottega. La scena è più o meno questa: Henry entra smargiasso, col suo passo trascinato, ubriaco, con un ghigno spiaccicato sullo smalto ingiallito dei denti e guarda il suo avversario, lo provoca, vuole lo scontro. Eddie si spazientisce, sbraita, gli dà quello che vuole, lo invita alla lotta, uno scontro tra galli cedroni isterici in ricerca di un po' di adrenalina.

> Nel vicolo sul retro del bar Eddie, il barista che fa il turno di notte, e Henry, uno degli avventori, si stanno prendendo a pugni davanti a un pubblico formato da cinque donne e due uomini. È un po' che si pestano. Entrambi, ma soprattutto Henry, sono stanchi e ammaccati. Hanno gli abiti a brandelli e i volti segnati dalla lotta[20].

Nonostante sia senza fiato e ferito a sangue, Henry non si arrende, anzi resta in piedi e, laddove non riesce a colpire il suo avversario con i pugni, ci prova con le parole, dita nervose, dure e taglienti, più di un gancio: «Sarai tu ad avere bisogno del prete, coglione! E mentre tua madre seguirà in lacrime la tua bara, le infilerò un collo di tacchino nella fica».

Tutto ciò è autobiografia: il bar, quello vero, stava sulla Fairmont Avenue, mentre il barista si chiamava McGilligan. «Il gioco era di farmi pestare per il

---

[20] *Ibidem.*

divertimento dei clienti. Poi un giorno mi stancai e stesi il bastardo, e loro mi diedero subito il benservito. Così mi ritrovai per strada, e senza più un lavoro come quello»[21].

Al barista di notte, in *Barfly,* Bukowski contrappone quello di giorno, Jim, interpretato da J. C. Quinn. La dicotomia è semplice, il ribaltamento automatico: Jim aiuta, consiglia e, più in generale, prova simpatia per lo scapestrato Chinaski, al punto da offrirgli da bere ogni volta, lui che avrebbe dovuto vendere.

Tornando alle pannocchie, Bukowsk scrisse:

> Poi quando Francine cominciò a strappare le pannocchie capii che non era la stessa cosa, che non avrebbe mai potuto esserlo. Francine era un'attrice. Jane era stata una pazza ubriacona. Una pazza fatta e finita. Ma non bisogna aspettarsi la perfezione dalla recitazione. Una discreta imitazione è già abbastanza[22].

È forse questo ciò che è mancato al film: la difficoltà o, a voler essere cinici, l'impossibilità di riproporre sulla pellicola l'unicità dell'esistenza che si trascina addosso ogni individuo. Jane ha una follia tutta sua, incomprensibile ai più, meno che a un'a-

---

[21] H. SOUNES, *Bukowski, La vita ribelle dello scrittore che ha raccontato l'altra America, cit.,* p. 35.
[22] C. BUKOWSKI, *Hollywood, Hollywood!, cit.,* p. 167.

nima affine come quella di Bukowski. La pazzia, l'angoscia, la felicità, la tristezza, sono tutte emozioni riconoscibili, ma non sempre di facile analisi. Andare nel particolare, cogliere il momento esatto in cui la follia si scatena e sconquassa l'animo, non è cosa per tutti.

Bukowski ci riesce sulla carta, perché la disperazione che narra è pur sempre la sua, conosce la materia, è il primo folle, ma alla stesura del copione non aveva fatto i conti con gli "altri", in cui sono inclusi, non solo gli attori, ma anche i recensori.

Una rivista di pettegolezzi, il "People", scrisse: «Charles Bukowski, il poeta con la bottiglia, si scrive un inno». Certo, l'uscita del film fu accompagnata «da una forte campagna pubblicitaria e, per la prima volta, Bukowski divenne una delle prede più ambite dei principali organi d'informazione americani»[23], tanto che "Il New York Times" fece una recensione entusiastica. Rick Talbot disse che era uno tra i dieci migliori film dell'anno[24], tuttavia i pareri negativi furono tanti, forse troppi.

Sempre nel *nostro resoconto,* infatti, Bukowski ci racconta la forte disapprovazione che hanno due critici cinematografici su un canale via cavo, dopo aver mandato in onda la scena in cui Bledsoe getta i vestiti di Francine dalla finestra del sesto piano:

---

[23] H. Sounes, *Bukowski, La vita ribelle dello scrittore che ha raccontato l'altra America, cit.*, p. 235.

[24] C. Bukowski, *Hollywood, Hollywood!, cit.*, p. 229.

ORRENDO! TERRIBILE! Questo è senz'altro il *peggior* film dell'anno! In pratica parla di questo… *barbone*… con i pantaloni perennemente calati alle caviglie! È sporco, menefreghista… disgustoso! L'unica cosa che vuole fare è riempire di botte il barista! Di quando in quando scrive poesie su pezzi di carta strappata! Ma più che altro si vede questo essere spregevole… tracannare bottiglie di vino o elemosinare drink al bar! C'è una scena dove ci sono due donne al bar che lottano fino alla *morte* per lui. Impossibile! NESSUNA, NESSUNA si interesserebbe mai a un tipo così! A chi potrebbe mai interessare? Di solito nella trasmissione assegniamo ai film un punteggio da uno a dieci. Posso proporre in questo caso meno uno?[25].

Una critica che non riesce a cogliere l'esperienza del *flaneur* contemporaneo, sommerso dal suo tempo e perciò in grado di guardarlo da dentro. Bukowski non ha fatto altro. Anche con *Barfly,* «lui celebra la verità terribile, cruda, nuda, bella: i fiori del male»[26], giacché è questo il suo modo di vedere la vita. Forse, per lui, vale ciò che Baricco disse di Salinger e del suo *The Catcher in the Rye,* nel programma televisivo

---

[25] *Ibidem.*

[26] C. BUKOWSKI, *Il sole bacia i belli. Inteviste, incontri, insulti,* Giancarlo Feltrinelli Editore, Milano, 2014, p. 15.

dedicato alla letteratura, in onda su Rai Tre nel 1994, *Pickwick del leggere e dello scrivere*:

> La trama del Giovane Holden è tutta qua: un ragazzo che esce dal college e che cerca di ritardare il più possibile il momento in cui arriverà davanti a suo padre e dirgli *sono stato espulso dalla scuola,* tutto qui. Poca roba. E non sarebbe niente se non fosse che di mezzo c'è questo ragazzino, il suo vagabondare e il suo raccontarvi tutto ciò che vede, pensa. Racconta un sacco di stupidate, ma in tutto quello che racconta c'è un modo di guardare il mondo. Il modo di guardare New York, la gente, le suore, il parco, qualsiasi cosa che lui vede[27].

E forse non è un caso che *The Catcher in the Rye* è proprio uno dei libri preferiti di Bukowski.

A colpire è proprio questa sua prospettiva dei fatti, la prosa tagliente e diretta, l'io incommensurabile di chi ha troppa tragedia dentro per poter tenere in piedi una trama del tipo *inizio svolgimento fine.* È la scrittura che prende il sopravvento col suo bastimento carico di andirivieni della prosa, coi suoi tagli a sgualcire il ritratto.

Per questo, chi guarda *Barfly* bisogna che guardi al particolare putridume e a quel senso di fiaba-com-

---

[27] A. Baricco, *Pickwick*, Edizioni Rai3, Da youtube: http://www.youtube.com/watch?v=n6TrMbbG0UI.

media che scade nel cinico-ridicolo; alla tenerezza con cui Rourke-Chinaski-Bukowski si prende cura della sua Jane quando sogna di morire.

E in conclusione, però, c'è da dire che «le recensioni sui giornali del mattino furono contrastanti», «negli Stati Uniti ottenne solo modesti incassi» e «il film rappresentava in modo parziale e lacunoso l'opera di Bukowski», tuttavia «fu accolto con maggiori entusiasmi in Europa» e, soprattutto, «fu proprio *Barfly* a farlo conoscere definitivamente al grande pubblico»[28].

Bukowski nel vecchio continente

Barfly lo apre al mondo, che da un certo punto di vista letterario significa Europa, proprio lui che in Europa non ci era ancora mai stato, ma a renderlo immortale, ricercato, adorato al punto da divenire una sorta di guru, fu proprio la sua ospitata al programma francese *Apostrophes*, trasmissione televisiva di France2, condotta dal giornalista Bernard Pivot. «La trasmissione era una specie di circolo letterario, un *Maurizio Costanzo Show* dedicato agli scrittori, che è andato in onda per più di vent'anni riscuotendo

---

[28] H. Sounes, *Bukowski, La vita ribelle dello scrittore che ha raccontato l'altra America, cit.*, p. 236.

sempre un considerevole successo di pubblico»[29], scrive Paolo Roversi.

È il 22 settembre 1978. Bukowski non teneva per niente a quel viaggio promozionale organizzatogli dal suo editore francese, *La Sagittaire*. «Conosco moltissimi scrittori americani a cui piacerebbe partecipare a questo programma. Per me non è poi tanto importante »[30], dichiara durante la trasmissione.

Bisogna aggiungere che il vate – come sottolinea più volte nelle sue opere – mal sopportava i *reading*, tuttavia, ubriacandosi riusciva a nascondere quel senso di paura che gli veniva ogni volta; l'iter era sempre lo stesso: beveva prima e durante, nel mezzo vomitava. All'*Apostrophes* trovò due bottiglie e ancora oggi non è chiaro se questo fu un gesto gentile di Pivot o un suo chiaro tentativo di provocare l'incidente.

Ovviamente, Bukowski accettò il regalo senza fare troppi complimenti e si ubriacò subito, comportandosi proprio come ci si sarebbe aspettati da lui: da vecchio ubriacone. Tutta la scena è visibile al link http://www.youtube.com/watch?v=fSrUpE-p68KI e bisogna conoscere il francese per cogliere ogni particolare dello show, tuttavia lo sghignazzare dei presenti non ha bisogno di traduzioni.

---

[29] P. Roversi, *Charles Bukowski, Scrivo racconti e poi ci metto il sesso per vendere, cit.*, p. 99.

[30] C. Bukowski, *Shakespeare non l'ha mai fatto*, Feltrinelli, Milano, 1996, p. 22.

Nel video lo si vede chiaramente borbottare, agitarsi sulla sedia e poi alla fine esplodere, eruttare, la lava che lo stava brucando da dentro trabocca e invade tutto il programma. Non è riuscito a trattenere quella sua naturale irrequietezza, quella che, con tutta tranquillità, gli fa rispondere alla Pivano che sì, lui patteggia per il diavolo, non perché affascinato dal male ma perché ha osato ribellarsi al padre, all'ordine costituito, al conformismo.

Un'interpretazione che trova continuità, per porre un esempio transcodificato contemporaneo, in *Lucifer*, fumetto prodotto da Mike Carey da cui è stata tratta l'omonima Serie Tv, in cui il diavolo torna sulla terra, alloggia a Los Angeles, la tanto evocativa città degli Angeli, perché stanco dell'Inferno: spedirlo lì per governare e punire i peccatori è stato "solo" un castigo di un padre su un figlio ribelle, narcisista ma tutto sommato ingenuo, e che fa davvero di tutto per togliersi di dosso la cattiva reputazione.

Non per niente è (stato) pur sempre un angelo.

Bukowski non l'ha avuto il coraggio di ribellarsi veramente al padre, se non in tarda età, né ha mai voluto porsi su una linea politica di lotta attiva, affidando la sua critica pungente alla "sola" penna.

Nello studio di *Apostrophes* va a finire che l'esplosione lo porta a insultare la scrittrice Catherine Paysan, mandando a quel paese conduttore e ospiti.

Non è stato soltanto l'alcol ad animarlo ma proprio l'ambiente borioso e snob da circolo letterario:

Mi sono sempre trovato in situazioni impossibili – disse al giornalista Jean-François Duval nel 1986 –. Ma quella cricca di snob è stato davvero troppo anche per me! Veramente troppo snobismo letterario! Una cosa che proprio non riesco a sopportare. Avrei dovuto saperlo; avevo pensato che la barriera linguistica avrebbe potuto rendere le cose più facili. Invece no, tutto era preciso. Le domande erano letterarie, raffinate. Non c'era aria, non si riusciva a respirare. C'erano soltanto delle persone sedute a semicerchio impegnate a parlare dei loro libri. Fu orribile e la cosa mi ha fatto andare fuori di testa[31].

Uno spettacolo simile non si era mai visto in una trasmissione tanto famosa quanto elitaria come l'*Apostrophes*, tuttavia

il polverone sollevato dal vecchio sporcaccione rimase parecchio nell'aria e, quando le acque si calmarono, gli editori iniziarono a tirare le somme: grazie a quei pochi instanti d'apparizione in Tv, Bukowski riscosse un enorme successo in Francia e molti dei suoi libri, che ancora non erano stati tradotti, furono pubblicati e letti avidamente da un vasto pubblico. Il vecchio Buk aveva stupito

---

[31] P. ROVERSI, *Charles Bukowski, Scrivo racconti e poi ci metto il sesso per vendere, cit.*, p. 101.

e colpito al cuore una nazione intera semplicemente rimanendo se stesso[32].

«La vita di Bukowski è una storia terribile, a volte triste, spesso molto divertente, e, alla fine, uno splendido esempio di come un perdente riesca a ribaltare tutti i pronostici»[33], ed è forse questo che cattura ancora oggi il lettore europeo. Bukowski e i suoi personaggi riconducono a un qualcosa di già letto, e per questo familiare: è Don Chisciotte che lotta contro i (suoi) mulini al vento, è il Boccaccio che racconta *cose* volgari

(Il sesso è ovviamente tragicomico, non ne scrivo come di uno strumento ossessivo. Ne scrivo come una risata su un palcoscenico su cui dovete finire per piangere anche voi, come di un intermezzo, tra un atto e l'altro. Giovanni Boccaccio ne ha parlato molto meglio. Aveva stile e distacco. Io mi trovo ancora troppo vicino al bersaglio per arrivare alla sua grazia totale. La gente pensa che io sia uno sporcaccione. Se non avete ancora letto Boccaccio, fatelo. Potreste cominciare col *Decamerone* eppure un certo qual distacco me lo sono guadagnato anch'io e, dopo 2000 fiche, per lo più non troppo belle, sono

---

[32] *Ivi*, p. 104.

[33] H. SOUNES, *Bukowski, La vita ribelle dello scrittore che ha raccontato l'altra America, cit.*, p. 6.

nella condizione di poter vivere di me stesso
e della trappola in cui sono caduto[34]).

È Verga che innalza e intinge le pareti di *verità* intorno a chi cerca invano un riscatto sociale, è Svevo che non smette mai di scribacchiare, e Cyrano che «si batte si batte si batte», disfatto e comunque mai vinto.

E potrei continuare a mescolare autori e personaggi di finzione cercando esempi di picari costretti ad affrontare tante di quelle peripezie da metter su una corazza di carta adamantina che fa tenerezza e rispetto.

C'è da aggiungere che in quel periodo in Italia accadde di tutto: lotte di classe, il '69, attentati, scandali; e

> dato che Bukowski non aveva un programma politico e non si preoccupava di esprimersi in una lingua raffinata e pomposa, era naturale che finisse per attirare un mucchio di persone. Non rientrava nel suo ordine di idee farsi accettare; lui si limitava a scrivere come gli veniva, di sé e delle cose che gli erano accadute. Solo a destra lo consideravano uno scrittore pornografico o giù di lì. In realtà, molti lo ritenevano uno scrittore proletario[35],

---

[34] C. BUKOWSKI, *Quello che importa è grattarmi le ascelle*, *cit.*, p. 13.

[35] H. SOUNES, *Bukowski, La vita ribelle dello scrittore che ha raccontato l'altra America*, *cit.*, p. 190.

dichiara Carl Weissner, in relazione alla popolarità di Bukowski, rifacendosi all'idea che nella Germania del dopoguerra fosse in atto una reazione letteraria.

C'era voglia di nuovo e quel nuovo era Bukowski.

Bukowski non ha mai visitato l'Italia e già nel primo capitolo abbiamo sottolineato come della nostra letteratura non conoscesse altro che qualche nome, «tuttavia, visto lo stuolo di fan e appassionati che hanno letto i suoi libri è come se l'avesse fatto. Segni tangibili della sua notorietà li troviamo un po' ovunque. Nei bar, in teatro, nelle enoteche e, naturalmente, in Rete»[36].

Factotum di ordinaria follia

Cinematrograficamente parlando, in Italia appare col volto di Ben Gazzara in *Storie di ordinaria follia* di Marco Ferreri, vincitore nel 1982 del David Donatello come miglior regista e migliore sceneggiatura. In quel periodo Bukowski era alle prese con *Panino al prosciutto*.

Ferreri si assicurò i diritti di alcuni racconti tratti da *Erections, ejaculations, exhibitions and general tales of ordinary madness* (*La più bella donna della città, Nascita, vita e morte di un giornale under-*

---

[36] P. ROVERSI, *Charles Bukowski, Scrivo racconti e poi ci metto il sesso per vendere, cit.*, p. 105.

ground e Violenza carnale), trovò finanziatori in Europa e riuscì a ingaggiare Ben Gazzara per affidargli la parte di Charles Serking, nuova proiezione cinematografica del poeta.

Al poeta, Gazzara non piacque e nel racconto *Pazzo abbastanza*, contenuto in *Niente canzoni d'amore*, dove si riferisce a lui con l'ironico Ben Garabaldi, scrive:

> aveva gli occhi supplichevoli, come uno seduto che si sforza di cacare e non ci riesce. Gli occhi mi piacevano. Ma se gli toglievi questo, era perfino troppo rassicurante. Un bell'esemplare di *macho*, però soddisfatto di sé, per niente pazzo[37].

Gazzara era troppo carino, affermava Ferlinghetti, l'editore che aveva venduto i diritti a Ferreri:

> avrebbero dovuto scegliere un protagonista bruttissimo; allora sì che il film avrebbe funzionato. Ma i produttori non hanno avuto il coraggio di fare una scelta del genere. Si sono attenuti alla prassi hollywoodiana. Se a interpretare Bukowski fosse stato chiamato un tipo alla Quasimodo, forse sarebbe potuto venire un gran film[38].

---

[37] C. BUKOWSKI, *Niente canzoni d'amore*, Ugo Guanda Editore, Parma, 1991, p. 208.

[38] H. SOUNES, *Bukowski, La vita ribelle dello scrittore che ha raccontato l'altra America, cit.*, p. 214.

Gazzara, a sua volta, si difese affermando di non aver voluto interpretare Bukowski:

> Non avendo vissuto con lui non ho potuto studiare le sue abitudini, i suoi movimenti. Mi sono dovuto inventare la parte. Non mi sono preoccupato di riempirmi la faccia di pustole o peggiorare il mio aspetto con un trucco pesante. Pensavo che la cosa che contava era l'artista, l'uomo interiore.

Errore grave, gravissimo. L'artista-Bukowski, come abbiamo detto più volte, è un tutt'uno con l'uomo che è fatto, sì, di interiora ma anche di estetica. Il viso deturpato, tutto il suo aspetto trasandato ai limiti della decenza si attaccano all'anima come una maglia bagnata da un temporale in inverno: raffredda il corpo, lo lascia indolenzito e scopre ogni tipo di gracilità in-organica. È il volto a mostrare quanto sia cagionevole l'animo, è questa la vera cartina di tornasole; non è possibile farne a meno, di certo non è consigliabile se interpreti uno come Bukowski:

> Tutti pensano che tanto, se soffre, allo scrittore finirà per fargli bene. Tutte stronzate. La sofferenza è come qualsiasi altra cosa: beccane troppa e alla fine ti ammazza. È il fatto di sfuggire alla sofferenza che fa i *grandi* scrittori: uno si sente così bene che fa sentire bene i lettori[39].

---

[39] C. BUKOWSKI, *Niente canzoni d'amore, cit.*, p. 212.

Nel film, l'attore de *Il camorrista* di Tornatore è troppo figo, per utilizzare terminologie tassonomiche moderne; continua a «poppare dalla bottiglia di vino ma non beveva come uno che ne ha bisogno, e non si ubriacava mai. Lo scopo del vino è che uno si ubriaca e così dimentica»[40]; le stanze in cui sono state girate la maggior parte delle scene del film (a Cinecittà n.d.r.) sono troppo pulite rispetto a qualsiasi bettola in cui ha vissuto Bukowski; e quando una prostituta – bella, bellissima – gli chiede di fare l'amore, lui continua a scrivere: «Se quello fossi stato io, avrei smesso di scrivere da un pezzo»[41].

Tutto l'incanto del mondo bukowskiano sta in quella rappresentazione disincanta del brutto e dal quale esplode il bello, nel cercare quanto meno la breccia di luce al termine della notte. Un concetto contorto, probabile, tuttavia è un punto di arrivo da prefiggersi se non si vuole sbagliare in partenza. E poi, bisogna ribadirlo: Bukowski ha sofferto tanto per quei brufoli, lo hanno reso timido e scontroso; addirittura, per un lungo tempo non ha frequentato la scuola, periodo in cui conobbe l'alcol. Insomma, quel volto così butterato – e questo bisognava dirlo a Gazzara (pace all'anima sua) – avrà significato qualcosa, o no? È come pretendere di realizzare un film-tributo sul grande Petrucciani e ingaggiare, come

---

[40] *Ivi*, p. 217.

[41] H. Sounes, B*ukowski, La vita ribelle dello scrittore che ha raccontato l'altra America, cit.*, p. 214.

attore protagonista, per esempio, Leonardo Di Caprio, quando, come minimo, ci vorrebbe un Danny De Vito.

Troppo bella anche Ornella Muti, che in *Pazzo abbastanza* viene chiamata Eva Mutton: «non sapevo granché, ma mi dissero che era un pezzo di donna, calda e liscia e che tutti i maschi italiani sognavano di sbattersela»[42]. Nel film interpreta Cass, prostituta masochista che si ferisce in vari modi, tagliandosi il volto e inserendosi persino una spilla da balia nella vagina. E se Gazzara era inadatto a interpretare un brutto come Bukowski, una prostituta tanto bella, nei bar americani, il nostro vate non l'aveva mai vista: «Io sono stato in centinaia di bar ma non ho mai visto una donna come quella dentro un bar. Non era il tipo che va al bar, semplicemente. Più che altro pareva una modella con un pensiero per la testa e incapace di aprir bocca»[43]. E la scena in cui mostra il suo fondoschiena per poi lasciarsi possedere di spalle da Gazzara ha del comico, la parodia di un amplesso alla Bukowski:

> In generale, i racconti utilizzati per *Storie di ordinaria follia,* scritti per la stampa underground e riviste per soli uomini quando Bukowski era a corto di denaro, hanno un

---

[42] C. BUKOWSKI, *Niente canzoni d'amore,* Ugo Guanda Editore, Parma, 1991, p. 208.
[43] *Ivi*, p. 217.

tono sensazionalistico e non sono certo tra i suoi migliori; inoltre il regista italiano aveva qualche difficoltà con il materiale americano. La stampa fu uniforme nel definire il film un buco nell'acqua[44].

Il "Sight and Sound" lo definì addirittura «a tratti repellente, naïf e ridicolo», «tuttavia andò discretamente in Europa, specie a Parigi, dove uscì contemporaneamente in sei sale, con lunghe code che giravano intorno agli edifici»[45]; a funzionare, forse, fu il mito intramontabile di Bukowski, la curiosità di avere e saperne di più.

Ma Rourke e Gazzara non furono i soli a interpretare Henry Bukowski. Nel 2005, a undici anni dalla morte dello scrittore, ci provò Matt Dillon. A prendere le redini del progetto questa volta è stato Bent Hamer, regista e sceneggiatore norvegese. I paesi di produzione sono addirittura quattro: Stati Uniti, Francia, Germania, Svezia e Norvegia.

«Nulla di eccezionale»[46], scrive in maniera fugace Paolo Roversi nel suo romanzo, *Taccuino di una sbronza*. E in effetti, anche in questo caso non si è di fronte a un film da premio Oscar, tuttavia, nonostante

---

[44] H. SOUNES, *Bukowski, La vita ribelle dello scrittore che ha raccontato l'altra America, cit.*, p. 215.

[45] *Ibidem.*

[46] P. ROVERSI, *Taccuino di una sbronza. L'uomo che credeva di essere Bukowski,* Morellini, Milano, 2014.

le scene non seguano l'ordine del libro, a mio parere, è molto meno ridondante di *Storie di ordinaria follia* e, inoltre, c'è il merito di aver lasciato intatto tutto il cocktail un po' ironico e drammatico dell'opera originale.

Nel film resta vivo e vegeto quel Chinaski tuttofare che, tra un lavoro e un licenziamento, trova sempre il tempo per le donne, i bar e soprattutto l'ippodromo.

Fortunatamente, Matt Dillon non segue l'errore di Gazzara e, sulla scia di Mickey Rourke, interpreta Bukowski così come si conviene: viso deturpato, parlata biascicata e abiti sgualciti.

La scena tutto silenzio, imbarazzo e un pizzico di caustica strafottenza, in cui Chinaski, sotto la gentile richiesta del suo datore di lavoro, incontra un altro scrittore, è a dir poco esilarante e tanto evocativa sulla carta quanto sulla pellicola. Lodevoli anche le interpretazioni di Lili Taylor in Jane e di Marisa Tomei, nel ruolo di Grace, amica un po' particolare di un milionario, con la quale conoscerà la bella vita.

La Talyor riesce, forse più della Dunaway, a tuffarsi nella pazzia e – per quanto sia possibile – dà l'idea di averla capita. Si innamora del Chinaski fallito ubriacone e le bastano un monolocale, le solite frittelle – a colazione pranzo e cena – e l'alcol per tenere in piedi il più atipico focolare domestico; e quando il Factotum inizierà ad avere successo con le corse, a cambiare il suo atteggiamento di fronte alle cose più semplici della vita, il rapporto s'incrinerà. Anche con Marisa Tomei, premio oscar nel 1993 come attrice non protagonista con *Qualcuno da amare* di Tony Bill, il rapporto sarà saldo fin quando a legarli ci saranno alcol e soldi; alla morte del milionario, fonte economica di entrambi, i due si separeranno senza mai più vedersi.

Tutto il film ruota intorno alla sua personalità schiva e incapace di inserirsi in società, ed è forse questo il motivo per cui *Factotum* risulta essere molto più vicino a *Barfly* di quanto si possa pensare. E, difatti, la scena in cui Rourke e Chinaski incontrano rispettivamente Jane e Dunaway è molto simile a quella descritta in *Factotum,* poi ben rielaborata sulla pellicola da Bent Hamer.

Lo abbiamo già detto: Bukowski ama ripetersi dando – di sé e di ciò che vede – sfumature sempre diverse, nel tentativo di pescare con maggiore cura e precisione la frase perfetta. La fama di Bukowski è ancora tangibile in rete così come per strada: tra pagine facebook, blog, bar e concorsi letterari intitolati al vecchio sporcaccione, è impossibile tenere il conto degli scrittori che ancora oggi si ispirano alla sua prosa e al suo modo di fare, arrivando spesso a scimmiottarne i contenuti e – qualora non fosse ancora chiaro il concetto – non basta questa tesi per elencare tutte le opere teatrali a lui ispirate.

Basti pensare ai tanti giovani che, provenienti da ogni parte dell'Europa, attraversando tutto un Oceano, accorrevano a bussare alla sua porta col solo scopo di conoscere il loro mito. E nonostante il suo «piano strategico di rompere le palle per altri venticinque anni, così saranno stufi di me che quando morirò ci saranno urla di gioia»[47], la sua grandezza, tra mito, verità ed esagerazioni, ancora oggi riempie gli scaffali delle librerie di tutto il mondo.

Francia, Germania, Italia… Bukowski diventa una vera e propria leggenda, sintomo e quindi simbolo di una reinterpretazione del bello, da secoli canonizzato, burocratizzato, dal perbenismo artistico delle classi colte.

Sono tanti quei giornalisti, bloggers e scrittori cresciuti nell'immaginario del mondo visto da Bukowski e a lui si rifanno per la schiettezza, la semplicità e l'efficacia dello stile. «Bukowski mi ha fatto capire che certe cose, o le descrivi in un certo modo, oppure è inutile che perdi tempo», dice ad esempio Luca Fiorentino, in arte "AunaSgheps", scrittore napoletano famoso per i suoi post volgari e tremendamente realistici, alcuni dei quali sono stati raccolti nel 2010 in *Zabaglione*. Fiorentino non è il solo che, a Napoli, ha colto laddove lo scrittore di Los Angeles ha seminato. *Vincenzo Strino*, giovane giornalista napoletano, ideatore del blog "Il Terronista" scrive:

> Bukowski ha influenzato la mia vita e
> quindi, di conseguenza, anche il mio modo

---

[47] B. Pleasants, *The free press Symposium: Conversation with Charles Bukowski,* "Los Angeles Free Press", 31 Ottobre-6 Novembre, 1975, p. 15.

di raccontare le storie. Lì dove finisce la mia adolescenza cominciano i suoi libri. Non si tratta dell'approccio all'alcol, all'azzardo o alle donne, è il sapere dove si trovi la parte "giusta" delle cose per la società e scansarla volutamente ogni volta. Il non essere un ribelle ma un antieroe perso tra ciò che amava e ciò che era costretto a fare, ecco cosa mi ha influenzato di Bukowski.

Capitolo III

WHISKY E ACQUA, GRAZIE!

> Ecco il problema di chi beve, pensai, versandomi da bere. Se succede qualcosa di brutto si beve per dimenticare; se succede qualcosa di bello si beve per festeggiare; e se non succede niente si beve per far succedere qualcosa[1].

L'alcol e la sua "parte" nella creazione artistica

«Cominciò a bere a tredici anni e a cercare nello stordimento dell'alcol un confronto a quelli che sembravano gli orrori della vita in famiglia»[2]. Da allora ha bevuto di tutto, tranne quella sessantunesima bottiglia tenuta lì, per scaramanzia ben augurante, sul bordo del caminetto. «Sessantun bottiglie di birra, ciascuna di una marca diversa dall'altra: una bottiglia per ogni anno di età dello scrittore più una

---

[1] C. BUKOWSKI, *Donne,* Teadue, Parma, 1998, p. 178.

[2] C. BUKOWSKI, *Quello che importa è grattarmi le ascelle,* cit., p. 9.

di buon augurio nelle intenzioni dell'amico che gli ha fatto il regalo»[3].

Abbiamo già parlato abbondantemente del perché Bukowski abbia iniziato a bere e soprattutto del suo *perché non ho avuto affetto:* «non posso dirvi perché dovessi bere così tanto. Forse per via della mia gran rabbia o del gran dolore, oppure perché mi mancava un pezzo del cervello-anima. Forse per via di tutte e due le cose»[4]; «dice che gli alleggeriva il dolore»[5].

Dunque, argomento di questo capitolo non sarà il *motivo,* piuttosto quanto l'alcol abbia influenzato o possa influenzare la produzione artistica.

Innanzitutto, sgomberiamo ogni dubbio col dire che Bukowski, diversamente dai suoi colleghi più *beat* di lui, non s'immergeva a capofitto nel chimico per poi uscirne fuori con una boccata di nuove ispirazioni, visioni, parole e respiri.

Non sperimentava, non si poneva come cavia volontaria per ricercare immagini psichedeliche. Bukowski beveva e di tanto in tanto provava droghe per il semplice gusto di farlo.

Una volta scrisse: «LSD, sì, la scoperta del secolo: tutti lo prendono, adesso. Se prendi l'LSD sei un poeta, un intellettuale. Che banda di deficienti.

---

[3] *Ivi,* p. 7.

[4] *Ivi,* pp. 13-14.

[5] M. DOUGHERTY, T. GOLD, *Boozehound Poet Charles Bukowski Writes a Hymm to Himself in Barfly, and Hollywood Starts Singing Too,* "People", Novembre 16, 1987, p. 80.

Sto costruendo una mitragliatrice per farne fuori più che posso prima che loro facciano fuori me»[6]; a dimostrazione del fatto che se l'alcol era un vizio, una compagna e una compagnia, a volte un modo di essere, nulla di più, la droga non ha avuto alcuna importanza per lui, né dal punto di visto edonistico tanto meno da quello creativo.

E fin qui, nulla di nuovo. Tutto aderisce alla perfezione agli usi, alle idee, al modo di essere e ai lineamenti del vate, per il quale la vita trascorsa nei bar non era altro che un continuo nascondersi: «non sapevo che fare. Quel bar giù a est era pieno di vita. Non era uno dei soliti bar. C'erano dei personaggi veri. C'era il sentimento. C'era lo squallore. C'erano noia e stupidità. Ma c'erano anche momenti in cui potevi provare qualcosa di simile alla gioia»[7].

Il bar diventa così la nuova scenografia, «la vita parallela sottotono»[8] in cui resuscita e muore ogni giorno quel terzo stato per il quale l'alcol diventa, nel suo essere «l'alternativa al suicidio»[9] e al contempo «un suicidio temporaneo dove al soggetto viene

---

[6] H. SOUNES, *Bukowski, La vita ribelle dello scrittore che ha raccontato l'altra America, cit.*, p. 96.

[7] H. SOUNES, *Bukowski, La vita ribelle dello scrittore che ha raccontato l'altra America, cit.*, p. 33.

[8] F. A. NETTELBECK, *Charles Bukowski Answers 10 Easy Questions*, "Thorb Two", Summer-Fall 1971, pp. 56-59.

[9] *Ibidem.*

permesso di ritornare in vita, il più delle volte»[10], l'amplificazione dei più atroci *non sense*.

Non è quindi un caso se bicchieri, banconi e sgabelli diventano ingredienti fondamentali per *Barfly*, il film in cui Henry e Wanda, i due personaggi principali, «sono immersi nello sforzo di rifuggire alla vita alcolizzata che attanaglia gran parte della società americana»[11] e di cui abbiamo parlato abbondantemente nel secondo capitolo.

E d'altro canto, droga e alcol infuriano laddove c'è un problema sociale oltre che psicologico; lo abbiamo detto parlando di Pasolini e dei suoi ragazzi di vita, e abbiamo sottolineato come la crisi, l'angoscia e le tristezze post-guerra abbiano spinto l'uomo moderno verso pericolanti strade di evasione.

«Le città sono prigioni bianche, i marciapiedi brulicano di vermi»[12], il mondo è come «una città intera eretta sopra una vuota fossa di nullità»[13] e il bisogno di riempire questo vuoto si fa impellente.

A tutto ciò bisogna aggiungere che l'alcolizzato, il tossicomane, insomma chi soffre di una qualche grave dipendenza, diventa maggiormente manovrabile, vittima del sistema.

---

[10] *Ibidem.*

[11] S. PENN, *Tough Guys Write Poetry*, "Interview", vol XVII, n.19, September 1987, p. 98.

[12] H. MILLER, *Tropico del Cancro*, Arnoldo Mondadori, Milano, 1991, p. 67.

[13] *Ibidem.*

Vale per l'alcol, quello che Buk scrisse in *Taccuino di un vecchio sporcaccione* in merito alle scommesse sui cavalli:

> quel che sto cercando di dirvi è che la ragione per cui la gente va alle corse è perché è in agonia, eggià, ed è così disperata che preferisce correre il rischio di prolungare l'agonia piuttosto che affrontare la sua condizione attuale... [...] qualcuno finisce per amare i suoi aguzzini perché questi ci torturano con metodi che sono assolutamente logici[14].

Bukowski intuisce quanto il vizio sia consolazione, speranza e allo stesso tempo autodistruzione, in un sistema sociale in cui le masse sono facilmente manipolabili attraverso le loro stesse debolezze: «Come mia figlia che un giorno ha fatto un disegno... qualcuno *le* aveva regalato i pastelli a cera. Aveva appena iniziato la prima elementare. E nel disegno aveva fatto una bambina con una bandiera americana in ciascuna mano. Mi sono detto: Be', non hanno perso tempo con lei»[15].

Click, un'altra fotografia: in questa dichiarazione lasciata a Robson e Bryson si capisce ancora una

---

[14] C. BUKOWSKI, *Taccuino di un vecchio sporcaccione*, Le Fenici, Parma, 1999, p. 43.

[15] W. J. ROBSON, J. BRYSON, *Looking for the giants: An Interview with Charles Bukowski, "Southern California Literary Scene"*, vol. 1, n. 1, Dicembre 1970, p. 35.

volta quanto il suo sia un "essere" *dadaisticamente* anti-sistema, per un indole che denota soprattutto una capacità innata all'indagine socio-politica.

Continuamente preoccupato di perdere l'anima, è deciso a restare se stesso a tutti i costi, senza lasciarsi trasportare dalla masse, anche all'ippodromo, dove la disperazione, la macchina delle corse e la voglia di vincita spinge tutti a fare la stessa giocata sbagliata.

Proprio per questo, forse, Bukowski è un bevitore solitario, nel senso che fugge dalla folla anche quando questa si rifugia da lui. E da solo si guarda allo specchio, analizza il suo volto come fosse un calco, esito e fonte di tutti i vizi del mondo.

William Burroughs e le ossessioni di uno scrittore *"fatto"*

Come lui, anche William Burroughs scende giù in picchiata verso i meandri della psiche umana, lasciandosi sommergere fino all'agonia da uno tzunami di sofferenze e perdizioni:

> L'immagine più frequente – scriveva Fernanda Pivano nel 198 –, frequente fino all'ossessione, in tutti i libri di Burroughs è quella dell'orgasmo che provano gli uomini nell'attimo dell'impiccagione; ma c'è già in *Junkie,* come un insistente sottofondo, una satira del mondo del potere identificato nella

polizia e negli ospedali che comincia con le allucinazioni della droga intesa come metafora di manipolazione[16].

L'esperienza da tossicomane di Borroughs diventa, per così dire, l'agente chimico adatto per metter giù una serie di reazioni-considerazioni, pensieri e metafore attraverso cui, nell'analisi dello scrittore, la polizia appare «drogata di potere tanto quanto un tossicomane è drogato di stupefacenti»[17].

Junkie è

> il raccapriccio per tutto il mondo di persone e di fatti che circondano il drogato, dalla miserabilità dei furti agli ubriachi a quella dei piccoli spacci occasionali, dallo squallore dei posti di polizia a quello degli ospedali e delle istituzioni per la disintossicazione, dalla futilità dei fugaci rapporti sessuali con sconosciuti a quella di altrettanto fugaci rapporti di *amicizia* coi compagni di droga[18].

Sembra la scenografia del mondo bukowskiano, dove sogni e illusioni si mescolano in una danza godereccia e malefica, dove il pianto è allungato con due dita di disperazione, mentre un concentrato di

---

[16] W. Burroughs, *La scimmia sulla schiena*, Bur Rizzoli Scrittori Contemporanei, Milano, 2010, p. IV.

[17] *Ibidem.*

[18] *Ibidem.*

droga alcol e vita riempie il resto del bicchiere. Come Bukowski, anche Burroughs visse in maniera conflittuale gli ambienti conformisti delle università, le falsità del metodo di insegnamento e, in generale, della vita studentesca: «la falsità delle norme insegnate non potevano non riuscirgli come un enorme simbolo di morte»[19]; ma più del *vecchio sporcaccione*, Burroughs non riusciva a superare il senso dilaniante e sempre in continuo aumento di insoddisfazione e «nell'illusione di trovare scampo fuori d'America a una società che gli pareva inaccettabile emigrò in Europa. Ma in Europa trovò il nazismo, e un'altra società che per un altro verso gli riuscì inaccettabile»[20].

Tornato così in America, provò la psicanalisi che «lo liberò soltanto delle sue inibizioni, permettendogli di compiere senza scrupoli azioni che prima lo rendevano perplesso»[21]. Andò ad abitare nei pressi della Columbia University, dove, in quegli anni, studiavano Allen Ginsberg e Jack Kerouac; qui, un po' per curiosità un po' per necessità, iniziò la carriera del ricettatore, «accostando così personaggi che attiravano il suo interesse di sociologo e di antropologo»[22].

«Stava per finire la guerra; c'era tanta confusione ideologica, c'era tanta stanchezza psicologica, c'era tanta delusione morale; non si credeva più nei vecchi

---

[19] *Ivi*, p. 9.

[20] *Ibidem.*

[21] *Ibidem.*

[22] *Ibidem.*

valori etici universalmente riconosciuti, non si credeva più nell'universalità, nell'etica e nei valori»[23]; figli
dell'incertezza, più che fiori del male, «gli sbandati
moderni cercarono un mezzo di superamento e di
autoidentificazione nel jazz, o nell'estasi religiosa,
o nella contemplazione filosofica. E un giorno Burroughs indicò loro la droga»[24].

Tra i jazzisti era già in voga la marijuana, «ma
per i futuri condannati a una morte crudele era già
in agguato l'eroina, gradino di passaggio agli stupefacenti irrimediabili»[25], così se i *beat* impressero alla
società statunitense un modello di vita e soprattutto
l'idea del cittadino ribelle e in lotta con tutti, perfino
con l'anarchia, Burroughs fu il primo a intuire che,
proprio in questo periodo del secondo dopo guerra,
la droga stava pian piano sostituendo l'alcool in quel
ruolo consolatore-esaltatore-polemizzatore che aveva
avuto nel primo dopo guerra. Nell'alcol si trovava
quello che si cercava allora: «la rivolta alla maschera morale del vittorianesimo, la rivolta all'autorità
costituita del proibizionismo, la rivolta al controllo
intellettuale del positivismo»[26]; i giovani immolavano
la loro vita «morendo alcoolizzati a quarant'anni o
suicidandosi alcoolizzati nel momento culminante

---

[23] *Ivi*, p. 10.

[24] *Ibidem.*

[25] *Ibidem.*

[26] *Ivi*, p. 10.

della loro attività»[27]; «in quegli altari le nuove generazioni non credevano più»[28] e la religione garantiva visioni, incubi e morte sicura e «per un malato di allucinazioni e di stati morbosi l'estasi offriva ben pochi spiragli: così Burroughs provò la droga»[29].

«Le droghe creano una confusa bramosia di immagini»[30], disse Burroughs durante un'intervista concessa alla "Paris Review", «ed è proprio questa bramosia che muove il fluttuare delle sequenze qui come negli altri libri»[31]. Una bramosia che, proprio come una *scimmia*, si arrampica sulla schiena, si aggrappa, spulcia i confini delle insicurezze dell'umanità facendosi àncora e zavorra al contempo.

Da quest'altro lato, un suo fermo immagine perfetto, ci è offerto proprio da Bukowski durante l'intervista concessa a David Andreone e David Bridson del "Portfolio":

> Per molta gente che si sente fuori posto e fuori tempo nella società odierna bere non è una lenta forma di suicidio, ma un deterrente nel commetterlo. Bere è la sola musica e il solo ballo che gli è consentito. L'ultimo miracolo disponibile a buon mercato. Quando rientravo dal mattatoio o dalle fabbriche

---

27 *Ivi*, p. 11.

28 *Ibidem.*

29 *Ibidem.*

30 *Ivi*, p. VI.

31 *Ibidem.*

meccaniche, quella bottiglia di vino rappresentava dio in cielo[32].

Anche qui non perde tempo e attacca subito i colleghi, «fantasiosi scrittori» che «vivono con la testa troppo ficcata su per il culo per scoprire qualcosa riguardo alla gente e a ciò che sta cercando di sopportare per sopravvivere»[33].

> Non sono tanto per le droghe ma comprendo che un tizio che ha toccato il fondo si prenda due o tre ore di luce scintillante o di pace o di sogno come premio della vita che deve affrontare per sempre, condannato come un porco che aspetta la scure. Si prenderà quelle due o tre ore in cambio di qualsiasi cosa gli venga offerta. 'Fanculo il prezzo. Non esiste prezzo[34].

Disarmante ma reale come nessun altro.

E non sono solo gli scrittori a essere ciechi di fronte a certi problemi. Toccare il fondo, cercare un po' di sé – o evadere proprio da se stessi – per avere in cambio un attimo di pace, è sintomo di assenze: chiesa, stato e famiglia abbandonano i propri figli, vuoi per incapacità, inadempienza o semplicemente

---

[32] D. ANDREONE, D. BRIDSON, *Charles Bukowski,* "Portfolio", Ottobre-Novembre 1990, p. 18.

[33] *Ibidem.*

[34] *Ibidem.*

perché non rappresentano più un punto di riferimento, e così, mentre fuori è un grande inferno, ecco i bar, con regole, abitudini, cittadini e cimiteri propri: è come essere in una realtà parallela, una nuova società in cui tutto è il contrario di tutto.

E l'impasse di questo continuo scrosciare di dicotomie spiazzanti – urla e silenzi, scazzottate e carezze – lo si supera bevendo, immergendosi nel vizio.

Anche Hemingway, in *Per chi suona la campana*, parlando dell'assenzio, ne parla come un anestetico alla vita: liquida alchimia diversiva dei pensieri, «la vera absinthe, come questa, contiene l'artemisia. Dicono che faccia marcire il cervello, ma io non lo credo. Fa solo deviare i pensieri. La regola è di versarci dentro lentamente l'acqua, a gocce, ma io ho versato liquore nell'acqua»[35].

Deviare i pensieri, atrofizzarli, frastornare il cervello, ubriacarlo tanto quanto basta per dimenticare. E si riesce a scrivere in queste condizioni?

«Conosco un mucchio di alcolizzati. Hank era sempre prolifico. E quello non è alcolismo. Per me si può parlare di alcolismo quando bevi e non riesci più a fare niente»[36], dice la signora Bukowski e in effetti lo stesso autore afferma di scrivere bene «sia che io beva o non beva. È più divertente per *me* scrivere

---

[35] E. HEMINGWAY, *Per chi suona la campana*, Feltrinelli Medusa, Milano, 1945, p. 121.

[36] H. SOUNES, *Bukowski, La vita ribelle dello scrittore che ha raccontato l'altra America, cit.*, p. 103.

quando bevo»[37] e il più delle volte ciò che veniva scritto durante l'ubriachezza veniva abbondantemente revisionato da lucido, a dimostrazione che il lavoro bukowskiano non è un semplice agglomerato caotico di *parole-sensazioni,* ma anche e soprattutto artigianato.

On the road, I sotterranei, L'Urlo sono l'esempio di una letteratura dalle intelaiature febbricitanti, tossiche e vertiginose e, soprattutto, l'esperienza *beat* ha mostrato una possibilità, quella di lavorare al di qua del sogno allucinogeno. Le parole si accavallano, le frasi chilometriche attraversano l'Io, *on the road,* lungo una strada che collega conscio e inconscio.

Bukowski evade, sì, ma non dalla realtà, anzi, ne resta incatenato. La sua unica droga è la scrittura, non cerca visioni ma le crea: è come se con l'alcol prendesse semplicemente meglio la mira, di sbieco, come a voler prima sbirciare e poi scrivere. Marcisce la sua carne ma non il suo cervello che elabora e impasta cinicamente le *parole-sensazioni* per un quadro realista, anziché espressionista.

«Questo particolare rapporto americano tra scrittura e bottiglia può essere stato raffigurato da Faulkner, Fiztgerald, Hemingway e Lowry, ma Bukowski più di tutti ha impersonato l'icona del mito del letterato ubriacone»[38], scrive Robert Gumbertnel nel 1991 e,

---

[37] D. ANDREONE, D. BRIDSON, *Charles Bukowski,* "Portfolio", Ottobre-Novembre 1990, p. 17.

[38] R. GUMBERT, *Pen & Drink,* "Weekend Guardian", 14-15

questo essere un tutt'uno con la *dea verde* ha chiaramente influenzato tutte le sue opere in termini di *plot* e i cui temi principiali «sono sempre il senso di perdita e il bere visti dall'ottica della disperazione»[39].

Siamo tornati così al punto di partenza, a quella disperazione che – vuoi o non vuoi – resta il vero filo conduttore dell'opera bukowskiana dove l'alcol è lì, a far da sfondo, quel tanto che basta per rendere ancora più sporca e appiccicosa la scena.

> Prima scrivevo sempre mentre bevevo e/o ero già ubriaco. Non ho mai pensato di poter scrivere senza la bottiglia. Ma negli ultimi cinque o sei mesi ho avuto una malattia che ha limitato le mie bevute. Così mi sedevo a scrivere senza la bottiglia, e usciva tutto nello stesso modo. Quindi non ha importanza. O forse scrivo da ubriaco anche quando sono sobrio[40].

In pratica, anche da sobrio, le dita barcollano, si alzano, sferzano colpi, stridono e ondeggiano in uno stato di imperitura ubriachezza, perché è questa la sudicia condizione dell'uomo perduto che il nostro caro sporcaccione cerca di rappresentare sulla carta, luogo sacro in cui l'esistenza è una piccola zolla di

---

Dicembre, 1991.

[39] *Ibidem.*

[40] A. MILLS, *Charles Bukowski,* "Arete", Luglio-Agosto 1989, p. 70.

terra che trema al ritmo dei martelletti di una vecchia macchina da scrivere.

Conclusioni

A conclusione di questo lavoro, la speranza è quella di aver sdoganato alcuni luoghi comuni su Charles Bukowski.

Ho provato a togliergli di dosso i vecchi stracci dell'ubriacone per mettere in luce la sensibilità umana, l'inventiva e l'attaccamento alla scrittura.

Una scrittura in cui prosa e poesia, come già aveva capito Walt Whitman, non sono inconciliabili ma, anzi, diventano due modalità del *storytelling* in cui non c'è confine: l'una influenza l'altra e viceversa.

A Bukowski devo molto.

Mi ha presentato Fante e Céline, mi ha lasciato immaginare Los Angeles proprio come me la sarei poi trovata sotto ai piedi, mi ha permesso di entrare a passi lenti nel mondo di Hemingway e mi ha insegnato a dare importanza ai piccoli gesti, a bermi una birra senza pensieri, a dire le cose così come sono, senza giri di parole, e a schifare il perbenismo di un certo tipo di scrittura educata e controllata; mi ha indicato una via, che ho cercato di fare mia, per poi percorrerla a mio modo.

Provandoci sempre, nonostante i suoi *don't try*.

Ché alla fine, il vecchio Hank era proprio lui il primo a combattere, a prendere a cazzotti tutto e tutti.

Ringraziamenti

Un grazie innanzitutto al mio editore, Ettore Barra per la cura e la gentilezza con cui lavora su ogni libro. Un grazie a Chiara Nobis per aver accettato di lavorare alla copertina. Solo lei e i suoi acquerelli avrebbero potuto mostrare il "mio" Bukowski. Nel suo dipinto i due corpi si mescolano al punto che, nel buio, nel nero, pure le anime sembrano un tutt'uno.

Un grazie a mia moglie Anna che, durante il viaggio di nozze in America, è stata tanto cara a ricordarmi della tomba di Bukowski, a San Pedro. Chissà perché non ci avevo pensato. L'avrei rimpianto per tutta la vita. Non era tra le tappe del nostro itinerario.

– Ci vuoi andare?

Green Hill era immenso, come ogni cosa in America. Dopo quasi un'ora a girare a vuoto me ne sarei andato spazientito. Come se con quel "Don't try" posto a mo' di esergo sulla "quarta" della lapide, più che a riferirsi a una filosofia di vita, B. intendesse scoraggiare i visitatori a cercarlo.

Lei, con tanta pazienza, ha cercato la mappa ed è andata su e giù per i prati del Cimitero alla ricerca di una lapide: una cosa non proprio da viaggio di nozze.

E poi l'abbiamo trovata.

Hank, il vecchio Hank, era proprio lì.

Stremato, emozionato, mi sono inginocchiato e l'ho salutato passandogli sulla lapide un bacio con le dita.

Commosso sì, per tutta una serie di sensazioni legate a lui, alla sua storia, ai suoi racconti, al peso che ha avuto su di me la sua scrittura, ma anche perché a portarmici è stato uno dei gesti d'amore più belli che mi si potesse fare.

Un grazie ad Arturo, il nostro gatto, che – mentre scrivo – è sdraiato sulle mie gambe e mi guarda come se sapesse che stia scrivendo di lui.

Un grazie ai miei genitori, ai miei fratelli e al nonno. Per ogni parola di questo libro do un bacio a loro e a Nonna Rosa che, abbracciata eternamente ai miei pensieri, culla ogni ricordo di racconto.

Un grazie ai miei amici, Luca, Stefania, Nello, Rossella, Lello e Vincenzo per il continuo sostegno.

Un grazie a Silvia, per la cura e l'affetto. Prima di tutto mi è amica, e poi è l'insegnante con cui poter crescere come studioso e lettore. Un grazie a Gianluca, Marianna, Ludovico e a tutta la famiglia nuvolare che riempie le giornate della stanza-casa, altrimenti detta B312 del dipartimento di Lettere a Porta di Massa. Un grazie al professore de Cristofaro, il primo ad aver accolto con entusiasmo questo lavoro.

E un grazie pure a Bukowski ché, senza di lui, non avreste tra le mani questo mio appassionato racconto.

Bibliografia

• *Opere letterarie*

W. Burroughs, *La scimmia sulla schiena*, Bur Rizzoli, Milano, 2010.

C. Bukowski, *Hollywwod, Hollywood!*, Feltrinelli, Milano, 1989.

C. Bukowski, *Hollywood, Hollywood!*, Feltrinelli, Milano, 1992.

C. Bukowski, *Shakespeare non l'ha mai fatto*, Feltrinelli, Milano, 1996.

C. Bukowski, *Quello che importa è grattarmi sotto le ascelle*, Feltrinelli, Milano, 1997.

C. Bukowski, *Donne*, Teadue, Parma, 1998.

C. Bukowski, *Factotum*, Edizioni TEA, Milano, 1998.

C. Bukowski, *Taccuino di un vecchio sporcaccione*, Le Fenici, Parma, 1999.

Bibliografia

C. BUKOWSKI, *Il Capitano è fuori a pranzo*, Feltrinelli, Milano, 2000.

C. BUKOWSKI, *Post Office*, Edizioni TEA, Milano, 2001.

C. BUKOWSKI, *Panino al prosciutto*, Edizioni TEA, Parma, 2002.

C. BUKOWSKI, *L'ubriacone (Barfly)*, Sugarco Edizioni, Carmago, 2008.

C. BUKOWSKI, *Cena a sbafo*, Guanda, Parma, 2009.

C. BUKOWSKI, *Niente canzoni d'amore*, Mondadori, Milano, 2009.

C. BUKOWSKI, *Musica per organi caldi*, Feltrinelli, Milano, 2011.

C. BUKOWSKI, *Azzeccare i cavalli Vincenti*, Feltrinelli, Milano, 2013.

C. BUKOWSKI, *Il sole bacia i belli. Interviste, incontri, insulti*, Feltrinelli, Milano, 2014.

I. CALVINO, *Il sentiero dei nidi di ragno*, Mondadori, Milano, 2010.

L. FERDINAND CÉLINE, *Viaggio a termine della notte*, Corbaccio, Milano, 1992.

J. FANTE, *Chiedi alla polvere*, Edizione Einaudi stile libero, Torino, 2004.

J. Fante, *Sogni di Bunker Hill*, Einaudi, Torino, 2004.

F. S. Fitzgerald, *Tenera è la notte*, Einaudi, Torino, 2010.

A. Ginsberg, *Urlo*, Il saggiatore tascabili, Milano, 2010.

E. Hemingway, *Per chi suona la campana*, I edizione Feltrinelli Medusa, Milano, 1945.

E. Hemingway, *Il vecchio e il mare*, Mondadori, Milano, 1982.

J. Kerouac, *I sotterranei*, Mondadori, Milano, 1985.

II. Miller, *Tropico del Cancro*, Mondadori, Milano, 1991.

P. P. Pasolini, *Ragazzi di Vita*, Edizioni Garzanti, Milano, 2012.

P. Roversi, *Taccuino di una sbronza. L'uomo che credeva di essere Bukowski*, Morellini, Milano, 2014.

J. Steinbeck, *Al dio sconosciuto*, Mondadori, Milano, 1989.

- *Bibliografia essenziale*

D. Andreone, D. Bridson, *Charles Bukowski*, "Portfolio", Ottobre-Novembre, 1990.

Bibliografia

L. BRIASCO, M. CARRATELLO, *La letteratura americana dal 1900 ad oggi. Dizionario per autori*, Einaudi, Torino, (2011.

M. CHÉNETIER, *Charles Bukowski, An Interview*, Los Angeles, Agosto, 1975. J. CHRISY, *La sconcia vita di Charles Bukowski*, Feltrinelli, Milano, 1998.

M. DOUGHERTY, T. GOLD, Boozehound Poet Charles Bukowski Writes a Hymm to Himself in Barfly, and Hollywood Starts Singing Too, "People", Novembre, 1987.

G. FINK, M. MAFFI, F. MINGANTI, B. TAROZZI, *Storia della Letteratura Americana*, Sansoni, Torino, 2001. R. GUMBERT, *Pen & Drink*, "Weekend Guardian", 14-15 Dicembre, 1991.

C. IUTI, P. LORETO, *La letteratura degli Stati Uniti. Dal rinascimento americano ai nostri giorni*, Carocci Editore, Roma, 2017.

M. A. MARIANI, *Sull'autobiografia Contemporanea. Nathalie Sarraute, Elias Canetti, Alice Munro, Primo Levi*, Carocci Editore, Roma, 2012.

A. MAUROIS, *Aspects de la biographie*, Grasset, Paris, 1928, p. 178.

A. MILLS, *Charles Bukowski*, "Arete", Luglio-Agosto, 1989.

F. A. NETTELBECK, *Charles Bukowski Answers 10*

Easy Questions, "Thorb Two", Summer-Fall, 1971.
H. NORSE, *Memoirs of a Bastard Angel*, "Thunder's Mouth Press", Marzo, 2002.

S. PENN, *Tough Guys Write Poetry*, "Interview", vol XII, no.19, Settembre, 1987.

M. PERKINS, *Charles Bukowski: The Angry Poet.* "In New York", vo.1, n.17, 1967.

B. PLEASANTS, *The free press Symposium: Conversation with Charles Bukowski*, "Los Angeles Free Press", 31 Ottobre-6 Novembre, 1975.

W. J. ROBSON, J. BRYSON, *Looking for the giants: An Interview with Charles Bukowski*, "Southern California Literary Scene", vol.1, n.1, Dicembre, 1970.

P. ROVERSI, *Charles Bukowski, Scrivo racconti e poi ci metto il sesso per vendere*, Castelvecchi Editore, Roma, 2010.

E. W. SAID, *Dire la Verità. Intellettuali e potere*, Feltrinelli, Milano, 1995.

J. P. SARTRE, *Che cos'è la letteratura?*, Il Saggiatore, Milano, 1960.

H. SOUNES, *Bukowski, la vita ribelle dello scrittore che raccontato l'altra America*, Edizioni TEA, Parma, 2004.

S. SPOGLI, *Vita di Barbone*, Numero zero di "Isole", Milano, 1995.

I. TASSI, *Storie dell'io. Aspetti e teorie dell'autobiografia*, Laterza, Roma-Bari, 2007.

• *Filmografia e web:*

J. DULLUGHAN, *Bukowski: Born into This*, USA, 2003.

M. FERRERI, *Storie di ordinaria follia*, Italia, Francia, 1981.

B. HAMER, *Factotum*, USA, Germania, Francia, Svezia, Norvegia, 2005.

R. MANN, *Poetry in Motion*, Canada, 1982.

B. SCHROEDER, *Barfly*, USA, 1987.

A. BARICCO, *Pikwick, del leggere e dello scrivere*, Edizioni Rai3, da Youtube, http://www.youtube.com/watch?v=n-6TrMbbG0UI

B. PIVOT, *Apostrophes*, Edizioni Ina.fr., da Youtube, http://www.youtube.com/watch?v=fSrUpEp68KI

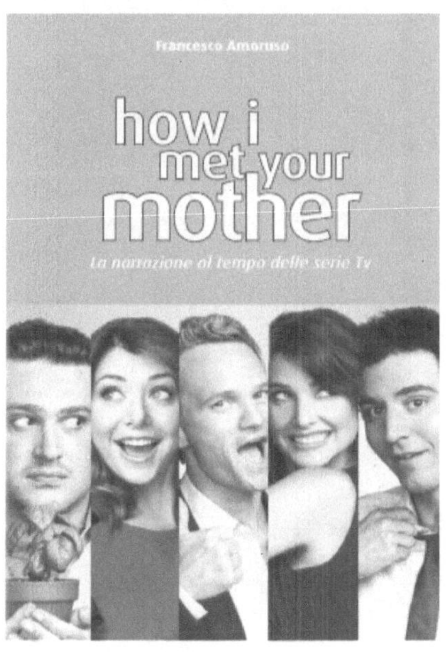

Francesco Amoruso, *HOW I MET YOUR MOTHER. La narrazione al tempo delle serie tv*, il Terebinto Edizioni, 2019, pp. 172, € 12,00

How I Met Your Mother è senza dubbio una delle sitcom più amate di sempre. In questo volume, analizzando i motivi del successo della serie tv creata da Craig Thomas e Carter Bays, l'autore ripercorre la storia del protagonista, Ted, e dei suoi amici, mettendo in luce aspetti poco noti della trasmissione e nuove letture della trama.
La sitcom, andata in onda sulla CBS dal 2005 al 2014, offre anche uno spunto di riflessione generale sugli attuali sviluppi della narrazione. Negli ultimi anni, infatti, il racconto televisivo seriale sta rimettendo in moto un modo di raccontare che mette a nudo il gioco tra parola scritta-letta e quella pronunciata-ascoltata, conferendo nuova attualità alle grandi domande che Walter Benjamin si è posto ne Il Narratore.
Quella di Francesco Amoruso non è quindi solo un'analisi delle tecniche narrative utilizzate dagli autori di How I Met Your Mother al fine di tenere incollato il pubblico per ben nove stagioni, ma anche un'indagine comparativa attraverso gli archetipi fondamentali del racconto e il suo processo di mediamorfizzazione. A dimostrazione che il Narratore benjaminiano ha semplicemente cambiato forma, non anima.

Luigi Giampetraglia, *Viento 'e Terra*, il Terebinto Edizioni, 2019, pp. 112, € 10,00

Mimì Sannazzaro, dopo dodici anni di assenza, torna a fare il poliziotto nel quartiere alla periferia di Napoli che lo ha visto ragazzo: San Giovanni a Teduccio.

L'omicidio di una donna, uccisa in circostanze tutte da chiarire, lo costringerà ad indagare tra i suoi amici di un tempo e a ripercorrere, con la memoria, la spensierata giovinezza trascorsa in loro compagnia prima dell'età adulta; un passaggio obbligato, attraverso la linea d'ombra che segna il confine tra le acque calme dell'innocenza e quelle burrascose e infide del mare aperto della maturità; un viaggio che li porterà verso mete diverse e lungo rotte che un misterioso vento di terra tornerà ad incrociare per una tardiva, ultima traversata insieme.

Maurizio Chiantone, *SOUND ART. Percorsi Della Creatività*, il Terebinto Edizioni, 2019, pp. 148, € 13,00

Il libro esamina lo sviluppo della sound art, pratica ormai consolidata e diffusa a partire dagli anni '50 intorno alla musica, l'architettura e le pratiche dell'arte mediatica. A differenza di molti studi sull'organizzazione dei suoni nel tempo, nella sound art installazioni e performances hanno una forte correlazione con lo spazio e con il complesso di interventi necessari alla creazione di ambienti acustici ottimali; esse richiedono nuovi modelli progettuali per una scelta adeguata alle problematiche di localizzazione spaziale. Le discussioni privilegiano spesso le descrizioni sui sistemi più adatti e sulle pratiche relative alla posizione del suono; qui vengono evidenziati i modi in cui i concetti di spazio sono socialmente, culturalmente e politicamente interpretati, e come le opere, elaborate e organizzate, riflettono e resistono a queste diverse costruzioni concettuali. Attingendo ai presupposti teorici e all'esperienza di artisti scelti [per ovvi motivi solo alcuni fra i tanti], vengono proposte diverse tematiche che per le loro specificità di argomentazione, possono meglio avvicinarci ad una comprensione più vasta dell'arte del suono, dei luoghi, della visione del mondo.

Gianni Festa, Paolo Saggese, IL GRANDE INGANNO, *Il "federalismo differenziato" la questione meridionale e il tradimento del Sud*, il Terebinto Edizioni, 2019, pp. 160, € 10,00

Il Sud tradito ancora. Mentre si celebra un nuovo ritorno ai nazionalismi e ai sovranismi, mentre si tuona in tutte le piazze "Prima gli Italiani", si consuma anche un'altra decisiva azione, quella del cosiddetto "federalismo differenziato". A nord della "linea gotica", dunque, si tuona "Prima il Nord", distinguendolo poi accuratamente in "Prima i lombardi", "Prima i veneti", "Prima gli emiliani", "Prima i piemontesi", "Prima i liguri"…, mentre al Sud si declina un nazionalismo fuori dal tempo e dalla storia. Questo è il "grande inganno". Ma prima o poi questo "gioco" che sfocia nel populismo, sarà scoperto e si dovrà dire con chiarezza se si è per l'Italia o per il "federalismo differenziato". Insomma, non si può essere "leghisti del Nord" a Bergamo e "leghisti sovranisti" nel resto d'Italia. Questo libro – che raccoglie alcuni editoriali del Direttore del "Quotidiano del Sud" (EDIZIONE IRPINIA) Gianni Festa e alcuni saggi sulla questione meridionale del Direttore scientifico del Centro di Documentazione sulla Poesia del Sud Paolo Saggese – intende fare chiarezza.

CARLO CRESCITELLI, *A SPASSO CON L'ANTIVIAGGIATORE*, il Terebinto Edizioni, 2019, pp. 126, € 12,00

Avendo al suo attivo ben due diari, un canale YouTube, un blog, innumerevoli comparsate web e tutti i social che volete, L'antiviaggiatore è indiscutibilmente una piccola star della rete.

Carlo Crescitelli è invece – nonostante la sua variegata attività di autore di saggistica, narrativa e satira – assai meno popolare della sua spocchiosa e bizzosa creatura. Infatti, a dispetto delle sue curatele e in barba ai progetti di scrittura per i nuovi media audiocinetelevisivi, resta al confronto un illustre Signor Nessuno.

Dunque, tutto torna: per quale altra ragione, se non squallido e bieco opportunismo commerciale, Carlo avrebbe mai chiesto al suo riottoso alter ego letterario di collegargli la propria visibile, fulgida nomea, presentando insieme con lui a quattro mani questa raccolta di racconti brevi inediti?

Godeteveli battibeccare tra loro su ogni singola storia, contendersi la paternità di ogni riga o trama, nel mentre vi immergete poco a poco nel complesso, conflittuale, tipico rapporto di ogni scrittore con il suo personaggio preferito.

Dᴀʀɪᴏ Rɪᴠᴀʀᴏssᴀ, *DANTE FANTASY. Vampiri, lupi mannari, elfi, draghi e altre cosette che per i lettori medievali della Divina Commedia erano ovvie*, il Terebinto Edizioni, 2019, pp. 112, € 12,00

Tra le pagine della Divina Commedia si nascondono folletti, streghe, draghi, vampiri, lupi mannari, spiriti-guida… "Si nascondono"?! Ma nient'affatto, sono lì sotto gli occhi di tutti. O meglio, erano sotto gli occhi di tutti nel Medioevo, quando bastava un'allusione perché il lettore cogliesse al volo l'indizio. I poeti del Rinascimento e Barocco, poi, si divertirono un mondo a sviluppare e rielaborare i lati fantasy di Dante. Nella cultura scolastica italiana, però, la critica è stata troppo pesantemente condizionata dalle atmosfere romantiche e risorgimentali: gli amori maledetti di Paolo e Francesca, il titanico eroismo di Farinata degli Uberti, il patriottismo…Per non parlare della cantica più sottovalutata di tutte, il Purgatorio. Adesso che il fantasy non solo è tornato di moda ma addirittura impazza, dai romanzi alla tv ai videogiochi, è il momento di dissotterrare i tesori sepolti del poema. Tanti episodi assumeranno un aspetto completamente diverso.

www.ingramcontent.com/pod-product-compliance
Lightning Source LLC
LaVergne TN
LVHW090147180726
843489LV00006B/1937